I0757042

Secretos de hombre, poder de mujer

Wally W Gayle

Título: Secretos de hombre, poder de mujer

© 2018, Wally W Gayle

© De los textos: Wally W Gayle

Ilustración de portada: Waldron Córdoba Gayle

Revisión de estilo: Waldron Córdoba Gayle

ISBN: 9781792698361

A Wanda

En memoria de quien fue mi mejor amiga, consejera y
confidente; en memoria de mi hermana.

ÍNDICE

INTRODUCCIÓN

Cumpliendo cuarenta y dos años de edad y habiéndome dedicado a la enfermería como profesión, fotógrafo de modelos por hobby, cantante y profesor universitario de historia y filosofía; he tenido la experiencia de hablar, vivir, observar, aprender, saber y compartir con muchas mujeres de todo tipo. La conversación en común el 90% de las veces es sobre nuestros pensamientos y secretos como hombres. Las mujeres hablan, piensan, leen, preguntan y hasta emiten un juicio sobre nuestra manera de pensar sin tener la suficiente información para hacerlo. A través de cada experiencia de vida he captado varias dudas y necesidades; entre ellas: a) Muchas mujeres saben muy poco acerca de nosotros los hombres; b) Como hombres nos valemos de esta falta de información para engañarlas c) La mayoría no tienen un amigo sincero que les hable de la manera que yo lo haré en esta obra.

Podremos conversar sobre el salir con un hombre, el compromiso, problemas familiares, metas a futuro, relación espiritual, las suegras, amigos, envejecer juntos, el balance de la educación el hogar y el trabajo; que en mi experiencia son los temas que más inquietan a las mujeres de todas las edades y te garantizo una plática amena para que salgas de dudas exponiéndote nuestros secretos más íntimos.

Cada mujer desea que el hombre que tiene a su lado o al que quiere conquistar, le dé una relación reciproca y le devuelva el valor a la relación que ella está invirtiendo. Les gustaría que su vida romántica, emocional y de compromiso tenga valor y respeto por parte de nosotros, pero la mayoría de las veces la decepción, el desencanto y las malas relaciones son el resultado final de estas historias.

Nací de una mujer, tuve una hermana que se convirtió en mi mejor amiga, crecí rodeado de primas y las profesiones que elegí me hicieron caer en razón que las mujeres tienen muchos misterios sin resolver en relación a sus amigos, amantes, novios, colegas, esposos, maridos, padres y hermanos; queriendo encontrar el amor merecido. Llegué a la conclusión de que nuestros secretos son lógicos para nosotros mas no para ustedes y esta es la razón mayor de nuestra mala relación. Comencé a recordar cada consejo dado a tantas mujeres colegas, amigas, alumnas y familiares; las cuales me agradecían porque en su relación sentimental todo cambiaba para comprender las verdaderas intenciones de su pareja. La sabiduría obtenida con los años siendo hombre, pasando las cuatro décadas, hablando con mi hermano, pastores, médicos, enfermeros, músicos, personal de limpieza, pacientes, alumnos y amigos me da una valiosa información que compartir en estas letras. Las experiencias que más impactaron mi vida fueron el observar la separación de mis padres en mi juventud, recordando lo trabajadora he invaluable que sigue siendo mi madre; pero imaginando cuanto hubiera cambiado su vida en relación a lo sentimental si en algún momento hubiese leído una obra como esta. Esa es mi inspiración. Al compartir tantas charlas con el sexo femenino; muchas veces me preguntaban por la creación de un libro que hablara sobre relaciones sentimentales o un tema relacionado, pero yo me negaba ya que pensaba que no tenía nada nuevo que aportar. Pero una noche empezó a rondar por mi cabeza el titulo; "Secretos de Hombre, poder de Mujer ", y así por varios meses en un dialogo interno pensé en que debería dejarle a mi generación y futuras, algo de mucho valor. Y que más que ayudar a tantas mujeres para encontrar el amor verdadero, que sean difícilmente engañadas por hombres amantes de sí mismos antes que de Dios. Es importante levantar la voz por todas aquellas madres, hijas, esposas y tantas princesas que necesitan ayuda urgente para no caer en el juego donde simplemente se convierten en una presa lista para ser cazada. Cada secreto que te revelaré te ayudara a controlar esos engaños, trucos y mentiras que solemos realizar como hombres conquistadores y así puedas obtener los deseos de tu corazón. Cuando conoces las reglas del juego y practicas diariamente, es probable que en la mayoría de las veces seas la ganadora. Esta es la razón por la que mi visión es que cada mujer del planeta pueda leer, Secretos de hombre, poder de mujer, para que ustedes puedan mejorar sus relaciones y se olviden de toda esa información falsa que aparece en televisión, revistas y redes sociales y puedas de manera definitiva conocer nuestros más íntimos pensamientos plasmados en este libro. A la mayoría de hombres les conviene que continúes escuchando consejos de tus amigas, pero si de verdad quieres que en tus próximas citas, puedas tener el éxito y que te tomemos en serio; estas páginas son para ti. Por lo tanto, si estas casada, de novia o comprometida; recuperaras el control del juego al leer esta obra. Debes creerme cuando te digo que la información que manejas sobre nosotros, ya no sirve o son puros mitos, siendo el ejemplo más claro cuando crees que puedes cambiarnos porque en esencia hay aspectos de nuestra vida que nunca cambiaran. No cometas el error de pensar que porque eres buena y me convienes, no me iré de tu lado. Necesitas conocer mi mente, mis motivos, mi manera de amar; para que no seas otra víctima de mis engaños y juegos. En estas páginas lograras entrar en mi cabeza, conocer mis planes, mis sueños, aspiraciones y sabrás si deseo estar contigo para algo serio o solo eres una aventura.

Llegó el momento de revelarte los, Secretos de hombre, poder de mujer.

¿QUÉ QUEREMOS LOS HOMBRES?

- Queremos sentir que hacemos feliz a nuestra pareja
- Que estés bien contigo misma
- Que nos valoren y respeten
- Que nos ayuden a mejorar sin cambiar nuestra esencia
- Si somos verdaderos hombres queremos una mujer independiente
- Deseamos espacio y compromiso
- Queremos comunicación directa y clara

Queremos sentir que hacemos feliz a nuestra pareja

Lo que nos hace realmente felices, incrementando nuestra autoestima y confianza, es el momento en el que nos sentimos capaces de hacer feliz a una mujer. Solo entonces percibimos que es suficiente y, por tanto, ese estado mental nos aporta mucha más seguridad. Además, lo maravilloso de esta consecución de hechos es que esa felicidad y seguridad la experimentará nuestra pareja.

Sin embargo, si recibimos constantes críticas, continuas demandas de algo, si recibimos reproches, nos sentiremos poca cosa. Dejaremos de comunicarnos y nos encerraremos en nosotros mismos. ¿Por qué? Porque nos sentiremos incapaces de satisfacer tus necesidades, sentiremos que no somos capaces de hacerte feliz y que no somos lo bastante buenos para ti.

Que estés bien contigo misma

Queremos que estés bien contigo misma, pero si nos estás utilizando para sentirte mejor o más segura, si siempre estás reclamando o pidiendo algo más, sentiremos que tu estabilidad emocional depende nosotros. Esta situación se convertirá en un problema que impida en muchas situaciones nuestra autenticidad.

Hay mujeres que creen que somos poco sensibles, pero nada más lejos de la realidad. Podemos ser tan sensibles como las mujeres, pero culturalmente no hemos sido educados para mostrar nuestras emociones, sino para ocultarlas. No debemos mostrar nuestra vulnerabilidad, sino aparentar que somos fuertes. Por eso en diferentes ocasiones somos más reacios para abrirnos y hablar de nuestras emociones.

Pero por mucha apariencia de fortaleza que podamos tener, nuestra debilidad son las críticas de una mujer. La realidad es que si vienen de otro hombre no hay tanto problema, pero si vienen de nuestra pareja, nos hará sentir más pequeños de lo que puedas pensar.

Puede que no digamos nada, pero te puedo garantizar que lo sufriremos en silencio. Nos sentiremos como una persona llena de defectos que parece que jamás hacemos nada bien. ¿Resultado? Nos encerraremos en nosotros mismos, desconectaremos y, en ocasiones, huiremos o evitaremos a la mujer de nuestra vida. ¿Te suena?

Que nos valoren y respeten

¿Qué queremos los hombres? Pues, aunque pueda parecer que no lo necesitemos tanto, también necesitamos sentirnos valorados y respetados, entendiendo que ese respeto es algo que debemos merecer y ganar. Por eso, para que una relación pueda crecer, es necesario que se comuniquen con más tacto; evitando herir con críticas o culpas y con más cariño.

Que nos ayuden a mejorar sin cambiar nuestra esencia

En la euforia del inicio de una relación todo parece perfecto, pero poco a poco comienzan a surgir las diferencias y las temibles crisis de pareja. Justo ahí comienza el trabajo de amoldarse, de dar y recibir; de ceder y compensar. Se necesita tiempo, flexibilidad, cariño y comprensión, por ambas partes, para conocerse, acoplarse e ir creciendo juntos.

Sin embargo, muchas personas comienzan una relación con una creencia establecida de cómo tiene que ser la otra persona y de cómo tiene que ser una relación. Se empeñan en moldear a la otra persona, en cambiarla totalmente para que encaje con su idea preconcebida

Lo cierto es que todos queremos y tenemos que mejorar. Pero si alguien tiene que dejar de ser quien es, si tiene que cambiar su vida y su esencia, eso jamás podrá funcionar. Sin aceptación no hay amor. No pretendas cambiarnos. El juego del amor consiste en aprender, aceptar, acompañarse y crecer juntos.

Si somos verdaderos hombres queremos una mujer independiente

Si somos hombres reales queremos una mujer a la que admirar, que nos inspire; una mujer con confianza en sí misma, que sea independiente, que sea femenina. Si somos hombres de verdad no nos intimida una mujer fuerte y segura, sino todo lo contrario, nos atrae.

Hay personas que creen que buscamos a una mujer insegura para sentirnos mejor y más fuertes; que no nos gusta o no podemos con una mujer con gran seguridad. Eso puede ser cierto, pero estaremos hablando de hombres con una autoestima lamentable y lleno de inseguridades. Pero si no es el caso, queremos la fortaleza de una mujer a nuestro lado. ¡No hay duda!

¿Qué queremos? Una mujer segura y emocionalmente madura, que no es emocionalmente dependiente, que está bien consigo misma. Una mujer que no quiere buscar pareja por apego y que sea capaz de comunicar sus sentimientos de forma clara, madura y calmada, sin criticar o culpar por lo que esté sintiendo. De hecho, la admiraremos y sentiremos que es la clase de persona con la que podremos tener una buena relación.

Deseamos espacio y compromiso

Muchas crisis de pareja comienzan por la falta de compromiso, algo fundamental. Pero sería esencial definir qué es compromiso para cada persona, y lo digo porque me he encontrado con muchas sorpresas en cuanto al significado que algunas personas otorgan a esta palabra.

Hay personas que entienden por compromiso estar pegados a todas horas, estar siempre juntos y hacer todo juntos; aparcar su vida previa. Pero eso no es compromiso: eso es control alimentado por el miedo. Y si bien el compromiso es fundamental, el equilibrio es delicado. Porque si se transforma en control significa inseguridad, significa dominar, falta de confianza. Y sin confianza, el amor se marchita. Hay que cuidar los celos.

El compromiso tiene que ver con el respeto, la honestidad, con dar un paso al frente cuando es necesario; con un proyecto común y asumir obligaciones. Todo esto necesita tiempo, conocerse, una visión compartida, buena comunicación y poca prisa. La impaciencia es pariente de la necesidad, de las urgencias y enemiga del amor.

Con tiempo, paciencia y mucho cariño, el compromiso va surgiendo y reforzando. No lo olvides: las prisas forzarán compromisos fugaces y superficiales.

Por ello, queremos que confíen en nosotros como pareja. Si no lo haces, es mejor no embarcarte en la aventura de encontrar una relación sentimental. La confianza une, la desconfianza separa. Cuanta más confianza nos das, más confianza generamos entre ambos y más sólida es una relación.

El espacio y el equilibrio son fundamentales y como las plantas, cuando no hay espacio suficiente, cuando se hacen sombra, no pueden crecer y mueren.

Queremos comunicación directa y clara

Para algunas cosas los hombres somos como la tecnología de una vasija de barro, o sea, muy simples. No se nos da muy bien hacer de adivinos, leer mentes, ni interpretar señales. Necesitamos comunicación clara; que expreses tus necesidades de forma directa y sincera. Pero a su vez, que esa comunicación no sea lanzada entre críticas y reproches que puedan herir nuestra identidad, sino una comunicación honesta y con tacto.

Formas de expresar el amor: Mujeres y Hombres no amamos de la misma manera

Según los especialistas en conductas humanas, las mujeres y los hombres vivimos el amor y el romance de un modo totalmente distinto.

Una de las razones por las cuales la forma de amar de la mujer se diferencia de la de nosotros se debe a que la mujer tiene más de una forma de sentirse amada y realizar su vida sexual.

El cuerpo de la mujer pose una doble zona erógena genital compuesta por el clítoris y la vagina, mientras que nosotros solo tenemos una zona erógena genital que es el pene.

Por otro lado, la mujer antes de tener el coito necesita sentirse amada por el hecho de ser biológicamente distinta. La mujer posee dentro de su aparato reproductor ovarios y útero y este hecho la predispone a tener como objetivo final procrear bebés.

Nuestra necesidad principal no es la de concebir hijos. Es por eso que, en el caso de la mujer, todo proyecto de amor pasa por querer formar una familia, tener bebés y/o estar juntos para siempre. En cambio, para el hombre el coito no necesariamente tiene como objeto procrear sino tener placer.

Sin embargo, cada vez hay más mujeres que han aprendido a lo largo del tiempo a tener un comportamiento parecido al de nosotros. Es por eso que las mujeres cada vez suelen separar más el sexo del amor.

El erotismo en la mujer empieza por las caricias, las manifestaciones afectivas y por último la penetración. Es por eso que a ustedes les gusta tanto el contacto previo al coito. Esto se debe a que en las carias previas el clítoris se suele estimular más.

Por su parte, nosotros preferimos ir de frente a la penetración, pues nuestra única zona erógena genital importante es el pene, el cual se estimula al practicar una penetración.

No obstante, hay casos en que los hombres que sí apreciamos las caricias, pero esto es solo si lo hemos aprendido de una mujer.

10 NECESIDADES BÁSICAS DE NOSOTROS LOS HOMBRES.

Tenemos necesidades que ustedes las mujeres muchas veces las pasan por alto, ya sea porque no se dan cuenta o porque simplemente nunca te las hemos expresado.

Parte de nuestro sexo masculino no es muy bueno en comunicar lo que necesitamos; el orgullo, la falta de contacto con nuestras emociones o el sentir que nuestras necesidades deberían resultar obvias para la mujer que amamos, son algunos de los razonamientos que tenemos para no expresar nuestras necesidades.

Si las pasamos por alto, a la larga o la corta, nos pasarán la factura.

Respeto

Es muy común que digamos cosas como: "No me desautorices delante de nuestros hijos", o "No me contradigas delante de mis amigos", pero nunca te pediremos directamente que nos respetes.

Muchas mujeres sienten que nadie puede saber mejor cómo criar un hijo, o hacer algo en la casa, o cómo organizar la mejor una reunión entre amigos. Ese sentimiento de "sabelotodo" que muchas veces ustedes suelen tener, les impulsa a faltarle el respeto a su pareja humillándolo con sus acciones.

Admiración

Así como a ustedes mujeres les encanta que su hombre se dé cuenta de que se han cambiado el peinado y que les diga lo lindas que se ven; a nosotros nos encanta saber que la mujer que amamos, nos admira.

Los hombres hacemos las cosas para lograr el respeto y la admiración de los demás, estos son los mayores motivadores e impulsores de cambio en nuestras vidas. Muéstranos cuánto admiras nuestros logros y el empeño que ponemos en lograr objetivos por ti, y verás cómo nos tendrás locos de amor.

Compañerismo

Esto se logra con tu complicidad. Necesitamos saber que somos un equipo y que pase lo que pase, tú estarás allí apoyándonos y siendo cómplice, tanto en las buenas como en las malas.

Que seas mi trofeo

Aunque la mayoría de nosotros protestemos por el dinero que gastaste en maquillaje, zapatos y ropa, todos amamos cada vez que te produces para salir con nosotros.

Sin importar cuantos 'siglos' haga que estemos juntos, dedica tiempo a verte como la muñeca de quien me enamoré. Ponte linda para mí, tómame del brazo y déjame que presuma por llevar mi propia versión de barbie a mi lado.

Un tono de voz amable

No nos gusta que nos griten. Algunas de ustedes tienden a subir la voz cuando se alteran o quieren que algo nos entre en la cabeza, y levantar la voz, es común para las mujeres porque es un mecanismo de defensa o supervivencia. Las mujeres no tienden agredir físicamente, pero lo hacen con el tono de voz y las palabras que usan.

Mantén un tono amable de voz y verás que llegas mucho más lejos.

Apoyo

Demuéstranos que crees en nosotros, aconséjanos, no permitas que me dé por vencido. Tú hombre necesita tu apoyo incondicional.

Apreciación

A medida que pasan los años, nuestra gratitud comienza a desaparecer y solemos tratar los esfuerzos de nuestra pareja como algo a lo que están obligados a hacer, y si están obligados, no tenemos por qué agradecerlo.

Sin embargo, esto no es así. Nadie está obligado a nada, porque ya no vivimos en la época de la esclavitud. Nos encanta que sean agradecidas por todo lo que hacemos por ustedes y su familia.

Reconocimiento

Muchos solemos enfrascarnos en los problemas y estrés del diario vivir y dejamos de ver y reconocer lo que los demás hacen por nosotros. Tómate unos minutos enfocándote en la mitad llena del vaso y reconoce las cosas positivas de nosotros como hombres.

Independencia

Los hombres amamos ser independientes. Esto no quiere decir que debes dejarnos solos, sino que nos dejes ser pareja, pero en libertad.

Deseo

Necesitamos sentir y saber que, a pesar del tiempo, los problemas y los años encima, aún nos desean y todavía somos capaces de complacer.

LAS 6 FRASES QUE NOS AHUYENTAN COMO HOMBRES

¿Estás empezando una relación? Las redes sociales, los SMS y la mensajería instantánea pueden ser peligrosos. Te menciono una lista de comentarios que hacen que nosotros salgamos huyendo del miedo.

Estamos en un mundo donde gran parte de la comunicación es vía redes sociales, mensajes de texto, e-mail y aplicaciones de mensajería, como el Whatsapp. En algunas oportunidades, quiérase o no, se producen malas interpretaciones que pueden afectar una relación, en especial cuando recién está comenzando. Para evitarlo, hice una lista con las frases que no conviene usar:

"No dejo de pensar solo en ti"

En las primeras citas esto nos puede llegar a espantar. Algunos somos cursis y nos gustaría escuchar o leer esto, pero hasta que no estés 100% segura, mejor evita esta frase. Sin embargo, luego del primer encuentro enviar un mensaje como "gracias por la cena, la pasé muy bien" demuestra interés y es una señal clara de que sería interesante repetir la salida.

"Tenemos que hablar"

Es simple. Sin importar cuándo o cómo nos envíes este mensaje, lo interpretaremos como que hay algo mal y que se aproxima el fin de cualquier cosa que sea. Más allá de cuál sea tu intención, solo vas a lograr que nos pongamos a la defensiva. Por eso, lo mejor es hablar directamente sobre lo que se tiene que hablar, sin dar adelantos.

"OK"

Al leer esto en un celular o en una computadora, algunas personas lo pueden malinterpretar y tomarlo como una respuesta desinteresada. Acá depende de cómo sea la relación con la otra persona y de cuánto la conozcas: si aún no sabes bien cómo es, no ahorres en caracteres.

"Siento como si estuviésemos atrapados en la rutina"

Acá tenemos dos puntos. Para empezar, está la idea que caer en la rutina es sinónimo de que se está entrando en un ciclo aburrido, cuando en realidad a muchas personas esta dinámica es la que mejor les queda. También puede ser interpretado como una señal de alerta y mucho peor si se da en las primeras citas. Cuidado.

"Mi mamá dijo que nosotros deberíamos..."

Pocas cosas quedan por agregarle a cualquier frase que empiece así. Por más que suene obvio, si estás teniendo problema en las primeras citas conmigo, lo mejor es que tratemos de solucionarlo entre los dos. Si nos dices algo así, es probable que no nos guste y hasta te juegue en contra. Los padres pueden ser muy buenos consejeros, pero acuérdate que tu relación es de dos.

"Mi ex acaba de hablarme"

No importa cómo, cuándo o por qué vuelve a tu vida. Su aparición, sobre todo en el principio de una relación, es incómoda. Puede generar miedos, inseguridades o ser un momento poco feliz. Por eso, si tu ex aparece, trata de evitar comentármelo, por lo menos hasta que el vínculo se haya consolidado. ¿O a ti te gustaría que te hablara sobre otra?

LO PRIMERO QUE QUEREMOS LOS HOMBRES ES CAMA

Varias investigaciones lo confirman: los hombres podemos llegar a enamorarnos a través del sexo.

Mientras que las mujeres asocian el afecto con el sexo, nosotros primero pensamos en el sexo y después en el enamoramiento.

No es fácil encontrar a alguien con el que tener complicidad en la cama. Para eso primero tiene que haber un deseo sexual, un instinto o un apetito y después viene el orgasmo, uno de los ingredientes clave para que empiece a crearse una historia de amor.

Las mujeres son exigentes, pero como hombres no nos conformamos. Bien es cierto que el sexo es sexo, y aunque lo disfrutemos y en la mayoría de los casos consigamos llegar al orgasmo, notamos cuando una mujer nos ha dado un mayor placer. Queremos novedad, variedad, pasión y seducción... Con todo esto no es que con el sexo nos enamoremos, ya que aparte tiene que haber cierta química. Sin embargo, el sexo será la pieza principal para que nos enamoraremos de nuestra pareja.

Cuando los hombres llegamos al orgasmo desprendemos una hormona denominada dopamina que activa el sistema de recompensa, por lo que, tener relaciones sexuales con la misma mujer varias veces, incrementa la experiencia de apego hacia ella y en consecuencia, el vínculo con esa persona. Esto es algo que puede generar sentimientos, pero no todos los hombres lo experimentamos.

La hormona que produce el sentimiento de cercanía o cariño es la oxitocina; ustedes las mujeres producen una mayor cantidad de esta hormona por lo que para ustedes es más fácil experimentar esta sensación de enamoramiento después del acto sexual. En cuanto a nosotros los hombres, la hormona que producimos al tener un orgasmo es la del placer. Placer que puede crear adicción.

Así que si quieres enamorarnos haz que contigo tengamos las mejores relaciones ¿cómo? Hay claves que como hombres deseamos que nos hagan en la cama: Tener unos preliminares prolongados, tener el control, que seas un poco cariñosa, ser dominados, un buen sexo oral, hablar de nuestras fantasías, tener caricias, verte darte placer a ti misma, que nos digas cosas perversas, que nos des sorpresas, tener sexo salvaje, etcétera.

Si tenemos química en las relaciones sexuales y complicidad antes y después del coito...Da por hecho que en un alto porcentaje me enamorare de ti.

PARA NOSOTROS ESTA ES LA MUJER IDEAL PARA CASARNOS

En conversaciones recurrentes desde una sala de casa hasta un bar podríamos decir que deseamos las siguientes características para entregar el anillo.

Que tenga buen humor

Buscamos no sólo una esposa sino una mujer con la que podamos reír y compartir momentos buenos y malos.

Que confíe en mi

Si no existe este "ingrediente" en la relación, difícilmente podemos dar el paso para el matrimonio. Los hombres necesitamos a una mujer que confíe en nosotros y no alguien insegura que a cada rato nos esté buscando o averiguando dónde estamos.

Queremos las mismas cosas en la vida

Tener claro lo que espera la pareja en la relación, hacia dónde quieren ir y los proyectos en común es clave para dar este gran paso.

Que me motive

Una de las cualidades que buscamos en una mujer para casarnos, sería que crea en mí y me motive a alcanzar mis sueños, no importa qué tan difíciles sean.

Siempre está cuando la necesito

Los hombres buscamos a una mujer que pueda estar con nosotros en las buenas y las malas.

El sexo es muy bueno

No queremos escuchar las historias de nuestros amigos casados que no tienen sexo, buscamos tener a nuestro lado a una compañera sexual que se divierta.

Se lleva bien con mi familia

Casarse no es solo con la pareja, también implica convivencia con ambas familias y para nosotros es muy importante que nuestra pareja se lleve bien con nuestra familia.

Que sea honesta

Esto es algo que todos los seres humanos buscan, deseamos que la persona que esté a nuestro lado sea sincera con nosotros. Aunque no se habla de esto, los hombres también hemos tenido alguna experiencia desagradable con una mujer manipuladora y traicionera. Por eso apreciamos a una mujer que sea honesta y directa.

Que respeten nuestro tiempo y espacio

Todos los hombres respetamos nuestro tiempo, por eso la mujer ideal es una que respeta mi tiempo y su espacio vale oro. Esta es la forma en la que descubrimos que una mujer es la indicada para casarnos. Esa chica que respete nuestra necesidad de estar solos, realizar actividades con otras personas (como salir con amigos) o dedicarnos a un pasatiempo favorito o a nuestro trabajo, es una mujer que deseamos conservar a nuestro lado.

Alguien que no necesita nuestra atención constante

A todos los hombres nos gusta una mujer que no dependa emocionalmente de nosotros. Nos sentimos atraídos por una chica que tiene vida propia y es feliz por su cuenta.

Alguien que no trate de cambiarme

Los hombres nos casamos pensando que la mujer no cambiará, ustedes pensando que nosotros cambiaremos, ambos nos llevamos un chasco. Se dice que las chicas se casan pensando que esos pequeños "defectos" que tenemos los hombres desaparecerán con el paso del tiempo. Por eso valoramos a la mujer que nos acepta tal cuál somos, sin querer cambiarnos.

Es bondadosa más no maternal

Se dan muchos casos en los que las mujeres bondadosas se pasan de ser maternales y terminan cuidando a su pareja como si fueran su madre. Esto trae una serie de problemas, sobre todo en el plano sexual, porque de manera inconsciente envían el mensaje equivocado a sus parejas. Después de todo ¿quién quiere hacer el amor con su mamá?

Por eso apreciamos mucho a las mujeres que son amables y bondadosas, pero sin irse a los extremos de tratarnos como si fueran nuestra madre.

Las cualidades que buscamos como hombres en la mujer con la que compartiremos nuestra vida y será en muchos casos la madre de nuestros hijos las posee alguien honesta, bondadosa y deseosa de dar amor. No es complicado cuando se ama a la persona que tenemos a nuestro lado.

SOLO TE QUEREMOS PARA DIVERSIÓN

Describiré algunas de las señales que como hombres realizamos y en la mayoría de las veces demuestra que no te queremos para una vida seria de futuro.

Nos comunicamos solo por redes sociales

Por lo general cuando no queremos algo serio nos comunicamos mediante WhatsApp, Facebook u otra aplicación de mensajería. Esto con el objetivo de dejar claro que no deseamos que nadie se entere de la relación. Por lo general cuando tenemos contacto contigo es para concretar alguna cita y nada más.

Aparecemos y desaparecemos cuando menos lo piensas

Un día nos la pasamos de maravilla, pero después desaparecemos sin dejar rastro y mucho menos dar una explicación. De hecho, cuando regresamos nos molesta si nos preguntas en dónde estuvimos, o el motivo de la ausencia. El ir y venir quiere decir que definitivamente no queremos estar mucho tiempo a tu lado.

Solo te busco cuando quiero tener intimidad

Ya te diste cuenta que cuando se trata de hablar de cosas demasiado íntimas siempre estoy interesado, hasta me porto cariñoso. He llegado a la conclusión de que solamente deseo tener relaciones íntimas contigo, pero nunca hacer el amor.

Nuestros encuentros son en lugares muy privados y jamás nos vemos juntos en público

Cuando deseamos verte en un lugar poco concurrido, puede ser porque no queremos que nos vinculen contigo, ya sea porque no queremos nada serio y/o que tengamos una relación alterna y no queremos que alguien se entere y nos delate. También si es posible te llevare a localidades lejanas de la nuestra para que personas conocidas no nos vean juntos.

No quiero conocer a tus seres queridos

Si rechazo todas las invitaciones a alguna fiesta ya sea con tus amigos o familiares, sin duda alguna no deseo que nuestra "relación" vaya más allá. Pienso que al involucrarme con las personas que amas estoy abriendo la puerta a un compromiso mayor y es algo que a toda costa quiero evitar.

No me gusta que publiques fotografías juntos en redes sociales

Si no quiero que me relacionen contigo, será obvio que no deseo que lo menciones en las redes sociales, mucho menos que me etiquetes en publicaciones o me escribas en mi muro o comentes.

Evitamos hablar del futuro

Cuando estamos enamorados nos vemos con esa persona toda la vida, sin embargo, cuando sabemos que eso será pasajero ni nos tomamos el tiempo para hacer planes a corto, largo o mediano plazo ya que sabemos que eso jamás pasará.

No te quiero presentar a mis amigos

Jamás te invito a reuniones que tengo con personas cercanas. De hecho, te sentirás excluida de mi círculo social y evitare a toda costa que los conozcas.

Te cancelamos citas a último momento

Aun cuando se habían puesto de acuerdo con anticipación para verse en algún lugar, es bastante frecuente que a última hora te cancelemos por un motivo que consideras sin importancia. Seguramente me salió algo más importante que hacer y verte ya no me resultó atractivo.

Todo el mundo es más importante que tú

Ya sea el trabajo, los amigos, familia y/o escuela, cualquier cosa está primero antes que tú. De hecho, tienes la seguridad de que en nuestra lista de prioridades tú ocupas los últimos lugares.

Puede parecer algo triste que se den cuenta de que esa persona que ustedes aman no les corresponde como ustedes desean, sin embargo, es mejor decir adiós desde un inicio antes de terminar con el corazón destrozado. Nuestros sentimientos no cambiarán y si estás pensando que con el paso del tiempo tal vez queramos tener un compromiso, te vas a llevar una decepción.

¡CUIDADO CON LA 'MAMITIS'!

Estudios psiquiátricos y psicológicos demuestran que la relación con la mamá es la primera que establecemos antes y en el momento que nacemos.

Una de las cosas que odian ustedes las mujeres es que nosotros los hombres suframos de mamitis, es decir que, en todos nuestros planes y decisiones, la opinión de la madre seo lo que más importa. Esta actitud es una de las peores que podemos tener como hombres y es la principal causa por la cual ustedes deciden seguir solteras y dejarnos.

La relación con la mamá es la primera que establecemos apenas nacemos, pero llega un momento en que los hombres debemos despegarnos de esa dependencia emocional de la madre porque si no en el futuro existirán problemas con ustedes como pareja.

A continuación, te doy una lista de características que demuestran cuando todavía sufrimos de mamitis.

Vivimos con ella

Cumplimos 30 años y seguimos en casa de nuestra madre. No entiendes el por qué. Si tenemos un trabajo estable, amigos, novia y aún no logramos emprender vivir solos.

Queremos llevarla a todos lados

Si pensamos que nuestra madre es incapaz de movilizarse sola, justificando su acto excesivo diciendo "es mi mamita, no puede irse sola", es evidente que sufrimos de mamitis, pero aguda.

Toda gira en torno a ella

Si el 91% de nuestras frases siempre menciona: "Mi mamá dice que…", es la evidencia más contundente de que sufrimos de mamitis.

Si mi mamá se mete en mi relación y yo lo permito

Si mi mamá me manipula, hablándome mal de ti y yo lo permito, dejando que ella cruce la línea de respeto hacia tu persona, es evidente que no te hago respetar y permitiré que siempre lo haga.

Si no la queremos dejar sola

Si pensamos que le pasará algo a nuestra mamá si la dejamos 10 minutos o más del tiempo acordado para recogerla, que no te quede duda que es un signo de mamitis.

Necesitamos siempre su aprobación

Si ante cualquier evento o decisión siempre llamamos a mamá para pedir su opinión o comunicarle una noticia antes que, a ti, es claro que existe una fuerte dependencia.

Carácter pasivo y dependiente

Se refleja en nuestra incapacidad para tomar decisiones por nosotros mismos, además somos sumamente dependientes porque nuestra mamá ha influido desde nuestra infancia en todas las áreas de nuestra vida, lo cual hace que esta necesidad sea excesiva y, por lo tanto, no somos autosuficientes y buscaremos que ustedes asuman este rol.

Si decimos que es mi mamá

Ella se mete en nuestra relación porque me ama, pensamos que nuestra mamá tiene la última palabra y que debemos hacer lo que a ella le parezca. Ella escogerá la pareja, novia conveniente, nos seguirá lavando los calzoncillos y limpiando los mocos, si es que lo permitimos.

Somos inmaduros

Nos negamos a crecer o no nos damos cuenta que seguimos comportándonos como un niño, lo cual inconscientemente nos hace pensar que mamá estará ahí para resolvernos la vida y ayudarnos a salir de nuestros problemas personales.

Te compararemos con nuestra mama

Constantemente escucharas que decimos "Así no se planchan las camisas. Así no se hace el arroz. Así no me enseñó mi mamá". Esto indica que vives en la eterna pesadilla de ser comparada en todo.

Sufrimos de sobreprotección

Es probable que cuando éramos niños, nuestra mamá nos cuidó y evitó que nos pasaran muchas cosas y es probable que en nuestra vida de pareja buscaremos esa protección como la tuvimos con nuestra madre.

Somos egoístas

El hecho de que durante toda nuestra vida hemos sido el centro de atención en casa nos ha vuelto egoístas por qué no respetamos las opiniones de nadie e imponemos lo que queremos.

La suegra siempre será tu competencia

Aunque desde un inicio quisiste llevar una relación sana, de respeto y cordialidad con ella, esto ha sido imposible pues yo como pareja las he colocado en competencia o simplemente, no he establecido los límites con ella.

Quiero traer a vivir con nosotros a mi mama

A pesar de que ya nos casamos, quiero que vivamos con mamá porque soy el único que debo estar pendiente de ella y tengo miedo de que algo le pase.

La suegra siempre estará presente en nuestra relación

Damos la autoridad a nuestra madre para que pueda ingresar al hogar y pueda opinar en todo, así sea de lo más mínimo.

Siempre la etiquetamos en redes sociales

En estos tiempos de las redes sociales, todas las publicaciones que hacemos, etiquetamos a nuestra madre por una necesidad de ser halagado por ella en cada acto realizado.

Siempre queremos que nuestra madre viaje a todos lados

Si todos los años hacemos planes para salir de vacaciones, seguramente la invitada siempre será la suegra.

La llamamos a cada instante

Si llamo a mamá en la mañana, tarde y noche, olvídate aún no me puedo separar de ella.

Siempre idealizamos a mamá

Sonamos que nuestra pareja sea igual a mama, porque ni una mujer será mejor que ella. Siempre decimos: "Mi mamita es ..."

Queremos vivir cerca de nuestra madre

Nos vamos a casar, pero estamos pensando donde vivir, seguramente decidimos que sea en el mismo barrio que nacimos porque no queremos alejarnos de nuestra madre.

¿Cómo solucionar este problema de mamitis?

Si tu matrimonio o noviazgo está a punto de terminar por que tu pareja sufre de mamitis, entonces es momento de buscar una solución para superar este problema y lo que debes hacer es lo siguiente:

- El apoyo de la pareja es fundamental, así que se debe tener mucha paciencia para lograr el cometido y que tu suegra este lejos de tu vida.

- Es momento de buscar ayuda profesional

- El primer paso será que la persona acepte y reconozca que sufre de mamitis.

- Aprender a poner límites a la madre y tomar las decisiones por sí mismo.

¡Cuidado con el Complejo de Edipo!

El complejo de Edipo es un término acuñado por Sigmund Freud en su teoría de las etapas psicosexuales del desarrollo para describir sentimientos de deseo de un niño por su progenitor del sexo opuesto, y los celos acompañados con ira hacia el progenitor de su mismo sexo. Básicamente se refiere a que el niño siente que está compitiendo con su padre por la posesión de su madre, mientras que una chica siente que está compitiendo con su madre por el afecto de su padre.

Según Freud, los niños ven su padre del mismo sexo como un rival para la atención y el afecto del padre del sexo opuesto.

Freud propuso por primera vez el concepto del complejo de Edipo en su libro de 1899 La interpretación de los sueños, a pesar de que no comenzó formalmente el uso del término complejo de Edipo hasta el año 1910.

¿De dónde sale el nombre Edipo?

Freud pone este nombre al complejo a raíz del personaje de Sófocles de la mitología griega, que mata al rey Edipo, que es su padre y se casa con su madre. En la leyenda, Edipo es abandonado al nacer y por lo tanto no sabe quiénes son sus padres. Es sólo después de que ha matado a su padre para casarse con su madre, que descubre sus verdaderas identidades.

¿En qué consiste el complejo de Edipo de Freud?

En la teoría psicoanalítica, el complejo de Edipo se refiere al deseo del niño de tener una relación sexual con el padre del sexo opuesto, pero sobre todo se refiere a la atención erótica de un niño varón hacia su madre. Este deseo se mantiene en el inconsciente a través de la represión, pero Freud creía que este sentimiento todavía ejerce una fuerte influencia sobre el comportamiento del niño y juega un importante papel en el desarrollo infantil.

Freud afirmaba que el complejo de Edipo tenía un papel importante en la etapa fálica del desarrollo psicosexual, entre los 3 y los 5 años. También creía que la finalización con éxito de esta etapa consistía en la identificación con el padre del mismo sexo, que en última instancia conduce al desarrollo de una identidad sexual madura.

Según Freud, el niño desea poseer a su madre y reemplazar a su padre, pues lo ve como un rival en el logro del afecto de la madre.

Algunas manifestaciones del comportamiento de este complejo podrían implicar que un niño exprese posesión hacia la figura de su madre, diciéndole a su padre que no abrace o bese a su madre. Las niñas a esta edad pueden decir que planean casarse con sus padres cuando sean mayores.

El gran problema con este complejo es que se manifiesta en menores extensiones en hombres de edad adulta que demuestran una excesiva dependencia de su madre para la toma de decisiones y acompañamiento.

RAZONES DE NUESTRA INFIDELIDAD

Voy a dejar de excusarme y decir las cosas como son, estas son las causas que nos llevan a ser infieles.

La primera diferencia entre la infidelidad masculina y femenina es la manera como cada uno de los géneros entiende lo que significa la palabra.

Muchos hombres decimos: "No he tenido relaciones sexuales con otras mujeres, entonces no soy infiel", porque ver pornografía no es una manera de ser infiel. Aunque muchas mujeres difieren de este punto de vista.

Entonces, ¿ver porno cuenta como infidelidad? Si es así, muchos, muchísimos hombres entraríamos en la lista de infieles. Y entonces, ¿qué pasa con el videochat? Suena lógico que si una esposa descubre a su esposo masturbándose mientras chatea con una mujer en Noruega le diga: "No te preocupes amor, porque es una mujer a miles de kilómetros de distancia, no la vas a conocer y ni siquiera sabes su apellido. Eso no cuenta como infidelidad.

He escuchado muchas excusas, como esa famosa de que los hombres biológicamente son más proclives a tener sexo con muchas mujeres. Sencillamente puedo decir que cuando se ha hecho un voto de compromiso con una mujer, al ser infieles rompemos este contrato y no fuimos obligados a hacerlo; nos comprometimos porque así quisimos hacerlo.

La justificación de muchos infieles que he conocido a lo largo de los años es: "Si ella no lo sabe, no le hará daño". He visto muchos hombres equivocados con esta afirmación, porque la infidelidad trae consigo distanciamiento emocional y sexual. Aunque seamos grandes mentirosos y nuestra pareja desconozca la infidelidad, siempre va a ser evidente que algo está pasando. El resultado es simple: el tramposo nunca consigue lo que quiere plenamente, porque la infidelidad se descubre la mayoría de las veces con consecuencias devastadoras.

Las razones más frecuentes:

Somos mentirosos

Nunca hemos intentado ser monógamos, a pesar de haber hecho votos para ello. Jamás hemos entendido que hacer un voto de fidelidad es un sacrificio que se hace por la persona amada. Los hombres así, vemos la monogamia como algo que se podría trabajar, no como una determinación.

Somos inseguros

Al explorar nuestros sentimientos descubrimos que nos sentimos muy viejos, muy jóvenes, gordos, demasiado flacos, pobres o tontos. Por eso, usamos la infidelidad como una manera de sentirnos mejor con nosotros mismos y suficientes.

Somos inmaduros

Pensamos que nuestras acciones no hacen daño a alguien y que los demás no sienten cuando algo está pasando.

Estamos emocionalmente afectados

Posiblemente vivimos experiencias traumáticas, como maltrato o abuso y no estamos dispuestos a tener un compromiso. Puede que tener relaciones con varias personas a la vez sea un escape de nuestro dolor emocional.

Tenemos expectativas irracionales

Creemos que nuestra pareja debe estar disponible para la actividad sexual 24/7/365. Somos personas egocéntricas que no pensamos en nuestra pareja y en las otras áreas de la vida que merecen atención como el trabajo, la casa y los niños.

Estamos aburridos

Nuestra cotidianidad no nos llena de interés, o estamos cansados y agotados, por eso deseamos que algo especial suceda y eso nos lleva a ver pornografía, frecuentar prostitutas o tener aventuras. O quizás, queremos mayor atención de nuestra pareja y creemos que un periodo de alejamiento ayudará.

Estamos confundidos sobre el amor

Creemos que en la pareja siempre tiene que existir ese amor pasional y visceral del comienzo, pero desconocemos que se va convirtiendo en sentimientos de honestidad, compromiso, de intimidad emocional a término largo.

Somos adictos

Probablemente somos personas dependientes al alcohol o las drogas que usamos el sexo para escapar a emociones problemáticas y disociarnos de problemas sicológicos.

Queremos terminar

Es probable que usemos estas aventuras para terminar la relación con nuestra pareja estable, porque no podemos decir directamente que no queremos estar con ella. O somos una de esas personas que no puede estar solo, entonces buscamos un reemplazo, cuando vemos que en nuestra relación actual está por terminar.

No mantuvimos nuestro círculo de amigos

Como hombres a veces nos cerramos a un grupo de amigos y de vida social personal, así que cuando nuestra pareja está ocupada, cosa que no nos gusta porque debería estar disponible de tiempo completo, buscamos una aventura para ocuparnos también.

100 REGLAMENTOS DE UNA MUJER SUMAMENTE INTELIGENTE

Estos consejos son de suma importancia ya que, si los aplicas a tu vida de relaciones sentimentales, será mucho más alto el porcentaje de éxito en la misma.

1.- Cualquier cosa que tengas que perseguir en la vida va a huir.

2.- Las mujeres que nos tienen arañando las paredes por ellas no siempre son excepcionales. Por lo general, son las que parecen no darle mucha importancia al asunto.

3.- Una mujer será apreciada como alguien que ofrece un desafío mental, en la medida en que NO sintamos que tenemos el control total sobre ella.

4.- Muchas veces y deliberadamente no llamamos, sólo para ver cómo respondes.

5.- Si comienzas siendo dependiente, nos decepcionas. Pero si eres algo que no podemos tener, obtenerte se vuelve un desafío.

6.- Tu actitud sobre ti misma es la que vamos a adoptar.

7.- Actúa como un premio y creeremos que lo eres.

8.- La variable más grande entre una mujer inteligente y una mujer que es demasiado buena es el miedo. La mujer inteligente nos demuestra que no le da miedo estar sin nosotros.

9.- Si tiene que escoger entre su dignidad o tener una relación; dará prioridad a su dignidad.

10.- Cuando una mujer no cede fácilmente y no parece dócil o sumisa, obtenerla se vuelve más estimulante.

11.- Estar a punto de obtener algo genera un deseo que debe satisfacerse.

12.- Nosotros sabemos cuál mujer va a ceder a nuestros deseos de último minuto.

13.- Tener términos y condiciones indica que tienes opciones. Casi desde el principio te presentas como un tapete o como una chica de ensueño.

14.- Si nos asfixias, nos vamos a poner a la defensiva y buscaremos una ruta de escape para proteger nuestra libertad.

15.- Siempre que una mujer nos pide demasiadas cosas, nos vamos a resentir. Deja que demos libremente lo que queramos dar; y después observa quienes somos.

16.- La mujer inteligente nos da el espacio suficiente para que no nos sintamos atrapado en una jaula. Entonces nos proponemos atraparla en la nuestra

17.- Si nos dices que no estás interesada en comenzar una relación, intentaremos hacerte cambiar de idea.

18.- Siempre debes hacernos creer que tenemos espacio suficiente. Eso hace que bajemos la guardia.

19.- Más que nada, nos estamos fijando en si serás demasiado dependiente emocionalmente.

20.- Debemos sentir que quieres estar con nosotros, no que necesitas estar con nosotros. Solo así te sentiremos como una compañera a nuestro nivel.

21.- Si tenemos que esperar para acostarnos con una mujer, no sólo la veremos más hermosa, también tendremos tiempo de apreciar quién es ella en realidad.

22.- El sexo y la chispa no son lo mismo.

23.- Antes del sexo, como hombres no estamos pensando con claridad y la mujer sí. Después del sexo es al revés; como hombres estamos pensando con claridad y la mujer no.

24.- Como hombres queremos sexo desde el principio; si queremos una novia es algo que pensamos después. Al no darnos lo que queremos de inmediato, te conviertes en nuestra novia sin que nos demos cuenta.

25.- Sentimos de forma intuitiva si la sexualidad sale de la seguridad o de una necesidad. Sabemos cuando una mujer tiene sexo para apaciguarnos.

26.- Es más fácil formar hábitos malos que buenos, porque los buenos hábitos requieren un esfuerzo consciente. La espera fomenta este esfuerzo.

27.- Si desconectas la clavija sexual en el último minuto, te vamos a etiquetar como provocadora.

28.- Si te hacemos sentir insegura, deja que tu inseguridad te guíe.

29.- Fantaseamos con una mujer que realmente disfrute el sexo.

30.- Cada vez que una mujer compite con otra, se rebaja.

31.- Cuando es innegable que hay chispa sólo hay una llave para el candado.

32.- Déjanos creer que tenemos el control. Automáticamente empezaremos a hacer cosas que tú quieres que hagamos porque siempre queremos vernos como un rey ante tus ojos.

33.- Cuando alimentas nuestro ego con suavidad, no intentaremos obtener el poder con agresividad.

34.- Si pareces suave y femenina, atraes nuestro instinto de protección. Si pareces agresiva, atraes nuestro instinto de competencia.

35.- Permitimos que una mujer que se convierte en nuestro tapete pague la cena en las primeras citas, pero ni siquiera se nos ocurriría con nuestra mujer de ensueño.

36.- La posición simbólica de poder es de cara al público, pero la posición de poder real sólo se muestra en privado. Y ésta es la única que importa.

37.- Si nos haces sentir poderosos, procuraremos protegerte y darte el mundo.

38.- Cuando una mujer actúa como si fuera capaz de resolver todo, se queda atrapada haciendo todo.

39.- No respondemos a las palabras. Respondemos a la falta de contacto.

40.- Hablar demasiado sobre la relación le quita el elemento de lo desconocido y, por lo tanto, el misterio.

41.- Los hombres respetamos a una mujer que se comunica de manera concisa, porque éste es el idioma usamos para hablar entre nosotros.

42.- Si siempre estás feliz, sabemos que siempre puedes estar sin nosotros, sentimos que no tienes preocupaciones.

43.- Si permites que se interrumpa tu ritmo, creas un vacío. Después, para reemplazar lo que estás dejando, empezarás a esperar y a necesitar más de tu pareja.

44.- La mayoría de las mujeres están hambrientas por recibir de nosotros algo que necesitan darse a sí mismas.

45.- Una mujer se ve más segura ante nuestros ojos cuando no podemos alejarla de su vida propia, porque ella está satisfecha con esa vida.

46.- En el momento en que una mujer se esfuerza demasiado para lograr satisfacer nuestros criterios, ya bajó el nivel de esa relación.

47.- No debes ser muy obvia en darte entera antes que veas que nosotros también lo hacemos. Recuerda que una relación sentimental debe ser reciproca

48.- Debes evitar caer en arena movediza. A menos que te mantengas en control, la relación estará condenada.

49.- Cuando permaneces justo fuera de nuestro alcance, te seguiremos mostrando nuestros mejores modales. Tu trabajo es mostrar señales sutiles.

50.- La mujer buena da demasiado de sí misma cuando complacernos con frecuencia se convierte en algo más importante que complacerse a sí misma.

51.- La relación puede no ser la indicada para ti si te das cuenta de que estás dando más de lo conveniente. Cuando algo está bien, va a ser más fácil con menos esfuerzo.

52.- Cuando te quejas, dejamos de escucharte. Pero cuando hablas con tus acciones, te ponemos atención.

53.- Cuando no prestamos atención a una mujer, seguimos intentando el querer asegurarnos que ella continúa allí.

54.- Cuando la rutina se vuelve predecible, es más probable que te demos el mismo tipo de amor que le damos a nuestra madre; y las probabilidades de que no te tomemos en cuenta aumentan.

55.- La atención negativa sigue siendo atención. Nos permite saber que te tenemos justo donde queremos.

56.- Cuando nos tratas de forma casual como si fuera un amigo, nos vamos a acercar a ti. Porque queremos que todo sea romántico, pero también queremos ser nosotros quienes perseguimos.

57.- Un pequeño distanciamiento combinado con un aspecto de autocontrol nos pondrá nerviosos, pues pensaremos que te estamos perdiendo.

58.- Dejamos de apreciar a una mujer cuando tenemos interés, pero ya no vamos a cambiar nuestra rutina.

59.- Cuando te quejas, tú te conviertes en el problema, y nosotros lo resolvemos dejando de escucharte. Pero si no te quejas, nosotros nos encargaremos del problema.

60.- Si nos quitas las tareas domésticas y elogias a alguien que las esté haciendo, las vamos a querer recuperar.

61.- Si te quejas, vemos debilidad.

62.- Percibimos a una mujer demasiado emotiva como alguien insignificante.

63.- De la misma forma que la familiaridad provoca desdén, un comportamiento un poco distante muchas veces puede renovar nuestro respeto.

64.- Olvidaré lo que tengo contigo a menos que me lo recuerdes.

65.- Muchas mujeres hablan mucho porque están nerviosas; y eso es algo que podríamos percibir como inseguridad.

66.- Para nosotros, hablar sobre sentimientos es como trabajar. Cuando estamos con una mujer, queremos sentir diversión.

67.- Forzarnos a hablar sobre sentimientos todo el tiempo no sólo te hará parecer necesitada, con el tiempo hará que te perdamos el respeto prestando menos atención a tus sentimientos.

68.- Al principio, a lo único que necesitas prestarle atención es si seguimos rondándote, pues solo seremos capaces de esconder nuestras emociones durante un tiempo.

69.- Tratamos a las mujeres igual que tratamos a otros hombres. Tomamos las cosas con calma porque no queremos parecer débiles o desesperados; esto si conocemos la filosofía del macho alfa.

70.- El elemento sorpresa, tanto dentro como fuera de la relación, es importante para nosotros y ayuda a la excitación.

71.- Dentro de la recámara, no hagas lo mismo una y otra vez. Varía para que no se convierta en una rutina predecible.

72.- La mayoría de nosotros los hombres tendemos a faltarle al respeto a la mujer que parece demasiado sumisa.

73.- No temas decir lo que piensas o defenderte. No sólo ganarás mi respeto. En algunos casos hasta me sentiré excitado.

74.- Los hombres asumimos casi automáticamente que una mujer más sexy e inteligente va a ser más asertiva y atrevida en la cama, y que la chica buena va a ser más tímida.

75.- Cuando nos enamoramos, de repente haremos cosas que antes no hacíamos, sin darles importancia. Haremos cosas por esa mujer que no habría hecho por nadie más.

76.- Pocas veces te respetaremos como un ser independiente a menos que tengas estabilidad financiera.

77.- Tienes que demostrarnos que no aceptarás maltratos. Entonces mantendrás nuestro respeto.

78.- Mantienes tu estatus atractivo en el más alto nivel cuando puedes mantener tu independencia con o sin nosotros. Yo nunca debo sentir que te tengo totalmente a mi merced.

79.- Cuando vemos a una mujer como una niña pequeña o como a una hermana que tenemos que cuidar, nuestra pasión disminuye. No queremos hacer el amor con una hermana.

80.- La capacidad para decidir cómo quieres vivir, y la capacidad de escoger cómo quieres que te traten son las dos cosas que te darán más poder que cualquier otro objeto material.

81.- En cualquier tipo de relación, si una persona siente que la otra no está poniendo nada en la mesa, él o ella empezará a faltarle al respeto a la otra persona.

82.- Necesitar a alguien en lo económico no se diferencia de necesitarlo en lo emocional; en ambos casos, puedo sentir que tengo el control completo sobre ti.

83.- Sin importar lo bella que sea una mujer, su aspecto por sí solo no va a mantener el respeto. Tu apariencia puede acercarme a ti, pero tu independencia la que me va a excitar.

84.- Cuando nos mostramos preocupados porque no queremos que se aprovechen de nosotros, es una señal de que estoy viendo qué puedo obtener.

85.- Las personas te demostrarán que se respetan a sí mismas sencillamente por el hecho de que quieren ser responsables de ellas mismas.

86.- Mientras más independiente seas de mí, más interés voy a mostrar por ti.

87.- Si haces muy obvio que estás emocionada por conseguir algo, algunas personas se verán tentadas a balancear una zanahoria frente a tu cara.

88.- Cuando alteras la rutina, el que no estés presente en ciertos momentos es lo que hace que se acerque a ti. Los hombres no respondemos a las palabras, a lo que respondemos es a la falta de contacto.

89.- No nos recompenses una mala conducta.

90.- Sencillamente no vamos a respetar a una mujer que actúe de manera forzada para complacernos.

91.- Si yo no te doy una hora, tú no me des fecha.

92.- Por lo general, la mejor forma de ajustar o solucionar el problema es no dejar que sepamos que lo estás solucionando. Cuando alteras tu disponibilidad o cambias una rutina predecible, mentalmente nos sentiremos atraídos hacia ti.

93.- Una vez que empiezas a reír, te empiezas a curar.

94.- Puedes salirte con la tuya diciendo muchas más cosas con humor de lo que lograrías con una cara larga.

95.- Como hombres sentimos que ganamos, o que conquistamos a una mujer, cuando ella come de la palma de nuestra mano. Y en ese momento, empezamos a aburrirnos.

96.- La tensión que se forma con una mujer que sea un tanto inteligente nos provoca un sutil sentimiento de peligro. Nos sentimos un poco inseguros porque nunca te tenemos en la palma de nuestra mano.

97.- Una mujer que da demasiado, da la impresión de que cree más en nosotros de lo que cree en ella misma. Esto lo vemos como debilidad y no como bondad.

98.- Siempre sé una persona independiente, e ignora a cualquier persona que intente definirte de alguna forma limitante.

99.- Las personas realmente poderosas no dan explicaciones sobre por qué quieren respeto. Simplemente no se mezclan con personas que no se los dan.

100.- La cualidad más atractiva de todas es la dignidad.

LAS 13 PREGUNTAS QUE DEBES HACERTE ANTES DE ENAMORARTE DE UN HOMBRE

No podemos escoger enamorarnos, pero sí que podemos decidir si vale la pena invertir en esa relación.

No podemos controlar enamorarnos de alguien, pero sí decidir si nos lanzamos a iniciar una relación.

Cuando empezamos a enamorarnos de una persona lo sabemos al instante, pero no siempre lo hacemos de la que nos conviene. No podemos controlar lo que sentimos, pero sí que podemos controlar si nos decidimos a lanzarnos del todo y apostar por esa relación.

Por eso existen una serie de preguntas que debes hacerte antes de acabar de enamorarte de nosotros si no quieres dejarte llevar y acabar pasándola mal.

Preguntas que debes hacerte antes de enamorarte perdidamente.

Reflexiona acerca de estas cuestiones antes de lanzarte a darlo todo por nosotros.

¿Siento lo mismo por ti?

Es una de las primeras preguntas que debes hacerte antes de enamorarte de nosotros si quieres evitar perder el tiempo. Puede parecer obvia, pero de ella depende el resto del planteamiento.

¿Siento algo por ti? ¿Tengo el mismo nivel de interés?

Puede que muestre interés por ti y que pueda parecer interesado en tener algo contigo, pero puede que mis intenciones no se ajusten a tus expectativas. En ese caso, no valdrá la pena dedicarme tiempo a esa persona si sabes que la cosa no irá a más.

¿Cómo te sientes a mi lado?

Otra de las preguntas que debes plantearte antes de acabar de enamorarte de mí es cómo te sientes tú. No todo es atracción y no basta con que te guste. Si yo te hago sentir bien cuando estamos juntos, sabrás que es una apuesta segura.

¿Me preocupo por ti?

Esto es básico. Por mucho que ahora quiera estar a tu lado, ¿te trato con respeto? ¿Te tomo en cuenta? ¿Me fijo en los pequeños detalles? Si no es así, estos son factores que pasarán factura una vez haya pasado el enamoramiento inicial, haciendo que las probabilidades de que una relación funcione sean muy bajas.

¿Qué tipo de relación quiero?

Puede que quiera mantener una relación contigo ahora, pero... ¿Qué espero de una relación? ¿Me interesan otros tipos de vínculos?

Hoy en día la monogamia va quedando cada vez más atrás para dejar paso a nuevas formas de relacionarse, por lo que cabe la posibilidad de que no me gusten las relaciones cerradas o acabe siendo poliamoroso.

Por ello te conviene indagar sobre el tipo de relaciones que está dispuesta a mantener para no llevarte sorpresas más adelante.

¿Somos compatibles?

Dicen que los polos opuestos se atraen, pero nadie te cuenta que luego sus relaciones no suelen funcionar. Por eso una de las preguntas que debes hacerte antes de enamorarte de mí, es si encajamos realmente. Ya no se trata solamente de tener cosas en común y compartir algún hobbie, sino de la compatibilidad que existe entre nosotros. Si somos muy diferentes en aspectos importantes en vuestra vida, es posible que cuando se te pase el enamoramiento inicial te des cuenta de que realmente no soy para ti.

¿Te ves a mi lado?

Si has respondido afirmativamente a la pregunta anterior, está claro que nos podemos llevar bien. Pero ¿te ves manteniendo una relación conmigo?

Imaginarte al lado de alguien es una señal inequívoca de tu amor y de que una relación entre nosotros es posible.

¿Cómo soy con los demás?

Es bueno que te plantees esta cuestión antes de lanzarte a darlo todo por mí, ya que puede ayudarte a ver cómo soy realmente. Es probable que contigo me comporte de cierta forma, pero algunas personas cambian mucho según el contexto en el que se encuentren.

Así que pregúntate si cambio mi personalidad delante de otras personas. Puede que te interese verme relacionarme con amigos o conocidos para saber cómo actúo delante los demás y evitarte sorpresas.

¿Puedo darte lo que necesitas?

Otra buena pregunta a plantearte antes de aventurarte a iniciar una relación es si crees que yo podría cumplir tus expectativas. Piensa si realmente te podría dar lo que necesitas para que la relación fluya.

¿Necesitas mucho cariño y yo soy muy distante? ¿Te gusta la acción y yo soy muy pasivo? En ese caso puede que te convenga plantearte si soy para ti.

¿Tengo algún defecto importante?

El amor nos ciega. Puede que al comienzo no quieras verlo o no le des importancia, pero yo podría tener algún defecto que más adelante te llegue a resultar molesto y acabe afectando a la relación.

Reflexiona sobre sus imperfecciones y sobre el nivel de importancia que realmente tienen para ti, para no llevarte decepciones más adelante.

¿Te convengo realmente?

¿Quién no se ha enamorado alguna vez de quien no debía? Antes de acabar de enamorarte perdidamente de mí, piensa si soy bueno para ti y si te convengo.

Ya sea porque tengo comportamientos tóxicos o porque nuestra relación sería muy complicada, plantéate si debes seguir adelante con ello. No podrás controlar lo que sientes por mí, pero sí que puedes decidir si seguir adelante.

¿Puedes crecer junto a mí?

Puede que nos llevemos bien, que sienta lo mismo por ti y que estemos enamorados, pero ¿crees realmente que puedes construir una relación sólida y sana a mi lado?

Hay señales que te indican desde el comienzo que conmigo no llegarás muy lejos, pero lo más probable es que las hayas ignorado por estar enamorándote.

Reflexiona sobre si realmente ves un futuro sólido a mi lado antes de lanzarte a dedicar todo tu esfuerzo a esta relación.

¿Estas preparada para iniciar una relación?

Hasta ahora todas las preguntas formuladas eran en relación a la otra persona. Pero no deja de ser necesario reflexionar acerca de lo que realmente deseas tú.

Puede que estés enamorada y que yo te corresponda, pero ¿estás tú preparada para iniciar una relación? ¿En qué momento de tu vida te encuentras? ¿Es un buen momento para ello?

¿POR QUÉ VALE LA PENA ESPERAR PARA EL SEXO?

Cada día es más común escuchar entre la gente de nuestra generación esta historia del chico y la chica que se conocen, se enamoran, pasan la noche juntos y luego tienen una relación larga y estable. Pero también escuchamos de los ligues de una noche que se quedan en eso, o de ese chico que se escuchaba tan perfecto que después de una semana terminaron en la cama y no resultó en nada.

Aquí no te voy a hablar de si está bien o mal acostarte con alguien que conoces poco, consideramos que mientras seas un adulto que maneja su sexualidad de manera responsable puedes tomar las decisiones que mejor se acomoden a ti ya tu estilo de vida recordando que tienes libre elección la cual trae consecuencias emocionales, físicas y espirituales, pero sí creo que hay algo de especial en esta idea de usar el sexo para fortalecer una conexión emocional, y te voy a dar las razones por las que es bueno esperar y de manera ideal hasta el matrimonio.

Esperar a conocerse antes de "conocerse"

Empezar a conocer a una persona puede ser muy divertido y emocionante. En ese proceso en el que se cuentan las vidas descubrirás cosas que te encanten de nosotros, y otras que te confundan o que no necesariamente consideres como cualidad.

Con el tiempo, puedes aprender a vivir con eso, e incluso disfrutar, estas cositas que no te parecen fabulosas, porque cuando quieres a una persona haces el esfuerzo por aceptarla como es, pero cuando apenas comienzas a conocer a alguien es muy fácil que detallitos que hubieras dejado pasar en alguien con quien tienes una conexión emocional se conviertan en defectos imperdonables.

Por ejemplo, si descubres en una plática súper intensa después de dos meses de salir conmigo que tengo una enfermedad que me impida tener un desempeño sexual normal, es algo con lo que puedes y probablemente quieras, trabajar. Sin embargo, si estos problemas salen a la luz en la cama después de la primera cita probablemente se conviertan en, algo que al no tener una conexión emocional que respalde la relación, sea un causante para terminar la misma.

Si crees que valgo la pena, conóceme emocionalmente antes de descubrirme íntimamente.

Cada momento vergonzoso se convierten en memorable

Es importante saber que el sexo no es como nos lo pintan en las películas, y que requieres de muchos acomodos y reajustes, sobre todo la primera vez que lo haces con un chico nuevo.

Cuando es un hombre que acabas de conocer, o que llevas muy poco tiempo saliendo con él, esta situación se puede volver más incómoda de lo que debería ser, provocando que te pongas más nerviosa y la experiencia en general sea menos placentera.

Cuando la conexión emocional es fuerte, estos baches en el camino se vuelven parte de una experiencia hermosa y divertida en la que todo se arregla con buen humor y una sonrisa.

Probablemente esa primera vez no sea perfecta, pero si soy un hombre al que te gustaría darle la oportunidad de algo más puedes volverla memorable no con velas y pétalos de rosa, sino con confianza suficiente como para ser más desinhibida.

Mostrar seguridad

Por más confiadas que ustedes se sientan en su vida sexual, es una realidad que muchos de nosotros somos físicamente más fuertes que ustedes. No queremos decir que sea peligroso acostarte con un hombre que no conoces muy bien (aunque ciertamente tiene sus riesgos), sino que esta persona con la que no tienes un vínculo emocional puede no ser tan cuidadosa de tus necesidades como te gustaría.

Hay mujeres que necesitan de mucha lubricación, o que son estrechas y requieren de mucho tiempo de preparación antes de la penetración, pero nadie te puede asegurar que ese chico que acabas de conocer sea cuidadoso contigo, con tus sentimientos y con tu físico.

Es mucho más fácil cuando existe la conexión emocional relajarte sabiendo que estas con alguien que no te haría daño, que si le dices "espera" se espere, que si le pides que se detenga se detiene. Este sentimiento es inigualable.

Estamos en el mismo canal

Cuando esperas un tiempo antes de tener relaciones con tu hombre, es menos probable que te lleves sorpresas. No nos referimos a cosas como que no nos cortamos las uñas de los pies (aunque también aplica) sino a qué espero de ti y de la relación contigo.

¿Cómo saber si no estamos en el mismo canal si nunca lo hemos platicado? Mientras mejor nos conoces, menos te desilusionas o, al revés, menos entras en pánico si te hacemos confesiones de sentimientos que no esperabas.

Estas son sólo algunos de los motivos por los que te recomendamos conocernos más antes de que tengamos sexo. Al final, el momento ideal para dar ese paso es cuando sientas emoción, no miedo, y nunca por provocar una reacción específica de mi parte (como que no me vaya). ¡Cuando estés lista, lo sabrás!

No sabes qué es lo que busco

Simplemente no me conoces. No sabes de mi pasado, de mis experiencias, qué es lo que quiero. Yo no sé de tu pasado, ni qué es lo que tú quieres. Y con esto, no sólo hablo de un tema sexual, sino de relaciones. ¿Soy un hombre de relaciones largas o sólo ando de cacería? ¿He tenido novias? ¿He sido fiel? ¿O podría ser esta mi primera relación? Esto también dice mucho de cómo soy y puede haber una serie de razones buenas o malas, del porqué de mis experiencias o de mis inexperiencias.

Sexo incómodo vs sexo cómodo

Seamos honestos. El sexo es mucho mejor cuando ambos nos sentimos cómodos en la situación y cómodos con el otro. Puedes estar con un caballero estupendo que es excelente en la cama, pero de nada servirán sus acrobacias, si no te sientes cómoda. Puede ser por pudor, nervios o quizás estás más preocupada de tu rollito que de pasarlo bien. Pero si es cierto que, si me conoces mejor, más posibilidades hay de que te sientas cómoda. Y así también, para hacerme saber qué te gusta y qué no.

Nuestro apego sexual no dura lo mismo que el de una mujer

Se sabe que nosotros y las mujeres somos distintos. ¿pero sabías que luego de tener relaciones sexuales, el cerebro libera hormonas de apego? bueno, resulta que el apego de una mujer puede durar varias semanas, mientras que el nuestro sólo dura unas horas.

Puede que finalmente yo no te guste tanto

Evita caer en la situación de salir conmigo si de primera impresión no sientes ningún tipo de atracción y mucho menos te apures a tener sexo, por no saber qué hacer o porque tienes muchas ganas y fui el primero en aparecer.

Este error será sólo tuyo y no tienes por qué salir con nadie que no te interesa. No todo es como en las películas, cuando aparece el galán y después de mil intentos fallidos la chica termina loca por él, en la vida real no siempre es así, aunque claro puede haber excepciones.

Mi punto es que, si te acuestas con alguien sin estar segura de que esa persona te guste tanto, es porque probablemente sea así y luego, la otra persona quedará colgada porque no entenderá por qué se acostaron, si después no lo quieres volver a ver.

Es lo mismo cuando un hombre se acuesta contigo y luego nunca más te vuelve a llamar. Te sientes confundida, es doloroso y patético.

El sexo puede arruinar las posibilidades de una relación seria

El punto es que, si estás conociendo a una persona y en seguida muestras una faceta demasiado sexual, en conversaciones, sugerencias y en el lenguaje corporal, nos podría parecer sexy. Pero en nuestra mente será una relación meramente sexual. Va a ser raro si el único tema es el sexo y después de dos semanas me dices "Oye, quiero hablarte de algo, es que tengo unos problemas", me voy a quedar como "¿Por qué estas tratando de tener una conversación de verdad ahora? No pensé que la relación iba para ese rumbo".

Hacer el amor es mucho mejor que sólo acostarse

Si conoces a la persona un poco más, hay más posibilidades de sentir una conexión que vaya más allá del acto físico. es una experiencia completamente diferente. sientes la energía del otro, él se conecta con tu energía. tienes contacto visual. se sienten los cuerpos como uno solo. hay una conexión. hay preocupación por el otro. en un acto que va más allá de un nivel meramente corporal.

¿CUÁNDO Y CÓMO PRESENTARME A TUS HIJOS?

Hijos y nuevas parejas: conocimiento, convivencia y aceptación

Cuando se tienen hijos de relaciones anteriores, surgen dudas sobre cuándo y cómo presentarles a la nueva pareja. Estos consejos facilitarán el proceso de adaptación y ayudarán a evitar problemas de convivencia.

En la viudedad, y en la actualidad como consecuencia de los numerosos divorcios, es cada vez más habitual que se formen nuevas familias en las que uno o ambos miembros de la pareja tengan hijos de relaciones anteriores: son las llamadas familias reconstituidas, familias mixtas, o familias ensambladas. En Sur América y Estados Unidos una de cada tres familias es de este tipo, y en España su número se ha incrementado considerablemente en la última década.

Pero esta nueva situación puede llegar a ser bastante problemática: los cambios suelen resultar complicados para los niños, y es normal que aparezcan celos e inseguridades. Por ello, y para evitar que surjan conflictos a largo plazo, la incorporación de la nueva persona a la vida de nuestros hijos ha de ser progresiva, y más aún si está muy reciente la separación o pérdida de la anterior pareja; debemos dejarles tiempo para asimilarlo.

Ante todo, antes de presentar a la nueva pareja a los niños debemos asegurarnos de que la relación es razonablemente sólida. Los psicólogos infantiles especializados en trauma, recomiendan una primera toma de contacto fuera de casa y asociada a actividades agradables para el menor. Luego planearemos encuentros de forma progresiva para que al niño le dé tiempo a adaptarse y vaya conociendo a la nueva pareja de su progenitor. Y puntualizan que es de gran utilidad que el otro progenitor (si lo hay) apoye la entrada de esta nueva persona en la vida de su hijo.

Una buena comunicación con los hijos es clave

En todo momento, y desde los inicios de la relación, la comunicación con los niños es fundamental. Les explicaremos que hemos conocido a una persona especial para nosotros, de un modo natural. la conversación debe basarse en la sinceridad y podemos decirles que es una persona que nos hace felices, pero dejando claro que a ellos les vamos a seguir queriendo.

Es conveniente preguntarles por sus impresiones, dejando que nos manifiesten sus dudas y temores, y actuaremos en consecuencia. Y es que, como aclara la psicología infantil, siempre es positivo tener en cuenta su opinión para saber en qué medida están preparados para seguir conociendo a la nueva pareja más profundamente.

Evidentemente, la edad condicionará mucho la manera de hablar con nuestros hijos, y la forma de explicarles que mamá o papá tiene novio, y de lo que va a ir suponiendo esto para ellos: será mucho más fácil la adaptación para los niños más pequeños que para los adolescentes.

Sin embargo, no sólo influye la edad, sino también la relación que tengan los niños con sus padres, y estos entre ellos. Los niños más pequeños suelen ser menos conscientes de lo que conlleva una nueva pareja, y si se hace de forma progresiva y natural pueden llegar a aceptarlo bien. Con los mayores es importante la sinceridad y recordarles continuamente que los sentimientos que pueden estar apareciendo por la otra persona nunca van a interferir en lo que se siente por ellos.

Antes de iniciar la convivencia con la nueva pareja también es importante que vayamos haciendo cada vez más cosas juntos, como ir a comer al restaurante favorito de los niños, al cine, o a un parque de atracciones, por ejemplo. Aunque también son aconsejables actividades más cotidianas, como simplemente ir a dar un paseo, o volver todos juntos del colegio. Poco a poco iremos comprobando que conforme va pasando el tiempo la relación se va consolidando. Se trata de poner unos buenos cimientos que permitan construir una nueva familia con la menor cantidad de conflictos posible.

LOS HOMBRES INTELIGENTES LAS PREFERIMOS ATRACTIVAS, INDEPENDIENTES Y TRABAJADORAS.

Las preferimos "Malotas" definiéndolas como contrario a las mujeres que aman demasiado

• No me refiero a una mujer mala moralmente hablando, sino a una mujer adulta, definida y segura.

¿Por qué a estas mujeres se les considera "malotas"?

• Porque desafían la idea de mujer para y por el hombre, de mujer que antepone las necesidades de su pareja a las propias.

• Entonces hablaremos de las mujeres no sometidas, que oponen resistencia, que no están por obligación, que no se pierden al dar, que no complacen de más hasta empalagar.

• Ellas comprenden que como hombres tenemos deseo rígido de competencia y triunfo

• Tendemos a ser por socialización más que por naturaleza más competitivos mientras que la mujer tiende a ser más colaborativa.

• Cuando somos seguros de nosotros mismos e inteligentes; nos empeñamos en competir, ganar y conquistar a mujeres que nos ponen resistencia, que nos desafían.

• En ocasión por una equivocada afirmación de nuestra masculinidad y a veces por una estimulación genuina que puede derivar en una escalada simétrica si no se maneja bien.

• Las "malotas" entienden en su totalidad el comportamiento del deseo.

• El deseo crece en la carencia, en la ausencia, en la insuficiencia, en la imposibilidad. Lo que o quienes se impregna de nuestro deseo se convierte en significativo, amable.

• El deseo genera más deseo. Cuando uno obtiene lo deseado, ya no lo desea.

• Somos seres deseantes, y quizás uno de los mayores problemas de la actualidad en las relaciones de pareja es la falta de deseo.

• Una mujer "inalcanzable", misteriosa, no fácilmente asequible puede impulsar la espiral del deseo.

• Además, una mujer que no lo da todo; todo el tiempo, todo el servicio, todo el amor, todo el sexo; deja abierta la puerta del deseo.

¿Cómo son las mujeres "malotas"?

Nos encanta que sepan cuidar de ustedes mismas que posean una claridad mental y un reconocimiento de sus necesidades y sus emociones, y si buscan y piden un buen trato, no necesitan ser tratadas como princesas y no se desbaratan ante la primera decepción.

• Además, que no esperen que su pareja les adivine lo que quieren, sino que pidan, expliquen, expresen su necesidad y su malestar.

• Que sepan que el pedir que te traten como el pétalo de una rosa no denota debilidad

Si sigues en búsqueda de la pareja ideal, te doy claves para encontrarla

Deben convertirse en mujeres independientes; emocional y económicamente.

• Estarán con nosotros porque quieren no porque lo necesitan.

• Eso crea un desafío de crecimiento varonil que nos lleva a requerir recursos no solo materiales para gozar de la compañía de ustedes.

• Todo un desafío cuando nos dicen; quiero estar contigo, pero puedo estar sin ti.

Si lo haces así me amaras desde la abundancia y no desde la carencia, entonces voy a quererte por lo que compartes, por las puertas que abres, por el mundo de posibilidades emocionales, intelectuales, sociales, sexuales, etc, que me das y no por lo que pides.

Las "malotas" son irreverentes.

Que seas Irreverente para pensar de forma independiente y para actuar de manera autónoma y original. Que no te doblegues a ante la presión social ni vivas bajo los estándares de nadie. Te convertirás en una persona más libre de crear amores a la medida: estimulantes, libres, divertidos y originales. No debes asumir el rol de mamá en las relaciones amorosas ni convertirte en una persona demasiado cuidadora, protectora, aguantadora y resolvedora de todos los problemas que yo pueda tener.

• A una mamá se le puede querer y respetar, agradecer y venerar, pero no desear.

• Como "malota" en lugar de ser buena mamá deberías jugar el rol que muestra una apariencia de NO "santa".

• Deberías invertir más en tu capital erótico, que es más que la belleza: el atractivo sexual, la gracia o encanto de caer bien, la vitalidad, la presentación social y la sexualidad como tal.

Así podrás ofrecer erotismo, mezclado con independencia, irreverencia y seguridad que te hará más curiosa, desafiante, inteligente, diferente e interesante.

• Me encanta cuando podemos debatir, discernir, construir, y crear; cuando eres consciente de tu dignidad personal, y lo prefieres a tenerme a tu lado.

• Entre dignidad y soledad, o malos tratos y una relación, siempre te quedaras con lo primero.

• La actitud que tienes sobre tu persona inspira un trato mejor: aquí si aplica el dicho "cómo te ves a ti misma te tratan".

• No te comportas como objeto y por tanto demandas ser tratadas como sujeto.

• No consientes la violencia, el machismo, "los caracteres fuertes" que son microviolencias disfrazadas de una pseudo masculinidad.

• Como no te urge estar acompañada entonces sabes aplicar pautas de demora generando estimulo intermitente en nosotros los hombres.

• Comprendes que dar todo sacia y aburre, no dar nada lleva al olvido.

• Así, racionas lo que ofreces generando siempre sorpresa; incluso en el sexo.

• Esto permite, en un lapso de tiempo, una genuina apreciación de quién eres e incluso una mejor elección de pareja.

• Además, lo impredecible siempre es un misterio, y el misterio genera atracción.

• Te sabes manejar bajo presión, es estratégica y racional, sin dejar de ser femenina y sensible.

• Pero la estrategia te permite ser puntual, incluso hablar menos y apreciar el contacto y la conexión sin palabras.

• Todo esto te permite, de alguna manera no claramente explicable, ser un territorio amigable para nosotros que también manejamos situaciones de estrés, de rigurosidad, que requieren respuestas puntuales y directas.

• Así como "malota" al tiempo que eres un misterio te conviertes en compañera.

• Lo cual no significa, por todas sus características previas, que seas una conquista segura. El desafío continúa.

• No buscas controlar, tu mayor poder es el logro del control que tienes de ti misma.

• Por eso lloras, pero cuando toca, no como estrategia colateral para mostrar debilidad, manipular, y seducir desde una técnica infantil.

• Tienes un proyecto de vida personal, por lo tanto, tu felicidad no solo depende de tu pareja.

• Por lo mismo tienes espacios individuales, mundos en los que el otro no participa.

• Esto enriquece tu vida, genera novedades, aumenta tu autoestima, te da sentido de vida y bienestar.

• Si eres autorealizada no puedes ser ni controlada, ni tratada de manera infantil, eres una persona adulta y además irradias satisfacción y felicidad.

• Si eres una víctima, dependiente puedes dar tristeza, cierta compasión, pero serás aburrida y poco atractiva.

• Debes ser buena pero fuerte.

• Tener una fortaleza muy sutil. No dejar a un lado tu propia vida y no perseguir jamás a un hombre.

• No permitas que un hombre piense que tiene un dominio del 100% sobre ti. Y se da su lugar, cuando él se pasa de la raya.

• Quizás nuestra mayor contradicción masculina es querer seguridad y control, conquista que al mismo tiempo nos aburre cuando la tenemos.

¿PARA CUANDO EL ANILLO?

Ha pasado mucho tiempo. Me amas y yo a ti. Sin embargo, ese momento mágico todavía no sucede. ¿Cómo puedes hacer que yo te proponga matrimonio? Simplemente sigue los pasos a continuación para averiguarlo.

Debes saber si estoy listo para el compromiso. Haber estado juntos durante más de 1 año o incluso 5 no significa que yo esté listo para casarme contigo. Algunos hombres queremos casarnos después de un tiempo, pero solo cuando estamos listos. El concepto de "listo" es complicado y por lo general implica una suerte de haber tenido varias mujeres, varias aventuras, haberse divertido independientemente, ser económicamente estable, ser maduro y estar listo para sentar cabeza. Todas estas son razones válidas, por eso no debes ignorarlas ni obligarme a hacer algo para lo que no estoy listo.

Observa si tengo algún tipo de compromiso más allá del amoroso. A esto me refiero, por ejemplo, si me he mudado contigo, si compartimos una mascota, si entro a tu mismo círculo social.

Comprueba si he tenido otras relaciones. Si he tenido alguna experiencia significativa en mi vida amorosa, no deberías ponerte celosa. Por el contrario, debes sentirte afortunada de que haya tenido experiencias con otras mujeres, ya que es más probable que ahora sienta menos interés por estar con varias mujeres.

Debes saber si es el momento adecuado en mi vida. Cada relación es diferente y muchas parejas que se comprometen después de estar por solo 1 o 2 años y pueden tener matrimonios igual de exitosos como los de las parejas que esperaron 5 o 10 años para casarse. Si no es el momento adecuado en mi vida, entonces no importa cuánto tiempo hayamos estado juntos.

Si todavía estoy tratando de averiguar cuál es mi carrera, si mis amigos todavía están solteros y ni siquiera tienen citas o si todavía tengo muchos problemas personales que resolver, entonces tal vez casarte conmigo no sea la mejor opción.

Si no me siento estable personal, económica o incluso físicamente, es posible que mi mente esté en otras cosas.

Sin embargo, ten en cuenta que no hay un mejor momento para casarse. Si no he sentido el momento adecuado durante años, tal vez haya problemas mayores.

Debes saber si no puedo imaginar un futuro sin ti. Si quieres que por fin te proponga matrimonio, debes asegurarte de que no pueda imaginar una vida sin ti. Por su puesto, hemos estado juntos durante 4 años, pero; ¿acaso ello significa que quiere estar contigo durante 30 años? Si cada vez que hablo sobre el futuro, empiezo con un "nosotros" y si he mencionado el hecho de mudarme contigo a un nuevo lugar, comprar una casa o incluso formar una familia, entonces lo más probable es que piense estar contigo para siempre.

Si nunca te hablo acerca de lo que pasará en 6 meses; incluso si planeas asistir a una fiesta familiar conmigo o paso un verano estudiando en el extranjero, es posible que esté tratando de evitar el tema.

Debes tener una idea de mi punto de vista acerca del matrimonio. Algunos hombres somos muy indiferentes con respecto al matrimonio. Estamos de acuerdo, pero no hay problema si no nos casamos. Si este es nuestro caso, no esperes que sea tan entusiasta sobre el matrimonio como tú y acepta que es algo que haría solo porque tú quieres.

También es posible que no quiera casarme en lo absoluto con nadie. Lograr que un hombre que definitivamente no cree en el matrimonio se comprometa contigo es casi imposible.

Debes hacerme indirectas

Menciona el matrimonio de manera casual, para evitar abrumarme, debes empezar siendo sutil y hablar de otros temas hasta llegar al matrimonio. Debes empezar una conversación casual sobre el matrimonio que no se refiera directamente al nuestro. Puedes mencionar a alguien que se casó o comprometió recientemente o hacer un comentario sobre un comercial de compromiso, por ejemplo. Para iniciar, te recomiendo expresar confusión e incluso una crítica leve. Esta es la manera de hacerlo.

Puedes decir: "Un compañero de trabajo acaba de regresar de su luna de miel. ¿Sabes dónde fueron? A la montaña. Me parece raro, ya que vamos a la montaña una vez al mes y está tan cerca. Si me fuera de luna de miel, me gustaría ir a algún lugar que nunca haya conocido. ¿Qué te parece?".

También puedes decir: "¿Puedes creer que Aarón le propuso matrimonio a Shirley en un cine? Creo que es perfecto para ellos, pero a mí me gustaría algo un poco más normal"

Menciona tu futuro conmigo. No me digas: "¡No puedo esperar a tener 8 hijos contigo!", simplemente haz comentarios sutiles que aludan al hecho de estar juntos en el futuro, ya sea que nos casemos o no. Si no respondo a tu indirecta, empieza a hacerlo más directo. Di, por ejemplo: "Si nos quedamos juntos...", "Si vivimos juntos...". Más adelante, podrías decir: "Si nos casamos".

Observa mi reacción cuando discutimos el futuro y ten en cuenta si manejo la conversación o evito el tema.

Recuerda que, aunque este tema haya rondado tu mente durante mucho tiempo, es una conversación nueva para mí y necesito tiempo para ordenar mis pensamientos. No esperes que tenga una respuesta preparada.

Si no quieres un anillo caro o ni siquiera quieres un anillo, dímelo. Este es un punto importante. Muchos hombres no le proponemos matrimonio a nuestras parejas, porque no nos tomamos el tiempo de averiguar qué tipo de anillo quieren y qué tallas son. Otros no nos comprometemos, porque no estamos dispuestos a pagar miles de dólares por un anillo de diamantes y pensamos que nos tomará una vida ahorrar para comprarlo.

Bueno, si no quieres un anillo lujoso o incluso un anillo, puedes mencionármelo. Sin embargo, debes hacerlo sutilmente para que sepa que no es un factor determinante en mis planes para una propuesta.

Incluso puedes mencionar tus ideas sobre el anillo mencionando el anillo de otra persona. Puedes decir: ¿Viste esa piedra preciosa que Roger le dio a Viviana? No puedo creer que no se caiga con esa cosa en la mano. Yo jamás me pondría algo así. Me gustaría que fuese pequeño y sencillo.

Si no quieres una boda cara, dímelo; Si bien una propuesta no significa una boda inmediata, muchos hombres desistimos porque nos preocupa el hecho de no poder pagar una boda costosa de 300 personas o porque no queremos lidiar con la logística de planificar una boda.

Bueno, si planeas tener una pequeña boda en el salón de tu comunidad con 45 de tus mejores amigos y familiares con una temática de vestimenta casual, debes encontrar una manera de mencionármelo.

Si bien esto no debería ser un factor en mi decisión para casarme contigo de por vida, me convence a la hora de mover todo este asunto del matrimonio.

Deja que te vea como una esposa. Si bien es posible que piense que eres muy divertida y toda una tigresa, también debes dejar que te vea como una esposa, como la mujer que será su compañera toda la vida y posiblemente la madre de mis hijos. Por lo tanto, muéstrame que serás una gran esposa y también una novia divertida. Deja que vea que eres independiente y que tienes metas profesionales, pero también demuéstrame que sabes cómo cuidar de mi cuando estoy enfermo, cómo decorar tu hogar con buen gusto y cómo cocinar una comida saludable.

Si quieres que te vea como una esposa, tu relación debe ser positiva la mayor parte del tiempo. Si pasas la mayor parte de tu tiempo peleando o llorando acerca de tus inseguridades, pensaré que no estás lista para el matrimonio.

Deja que vea que cumples tus propias metas y que estás lista para dar el siguiente paso hacia el matrimonio. Si yo pienso que tu vida no estará completa hasta que te cases, no querré proponerte matrimonio. Al menos que yo sea una persona insegura.

Ser directa

Hazle frente a sus temores. Si hemos conversado abiertamente sobre el matrimonio, entonces puedes aliviar mis temores un poco para que veas que no tengo de qué estar asustado. Tal vez esté preocupado de que una vez que te cases, cambies de alguna manera y te instales en una zona de comodidad o de que me presiones a empezar una familia de inmediato.

También es posible que me sienta inseguro de alguna manera y que mi imagen actual no coincida con el papel que has previsto como marido.

Si simplemente estoy preocupado por el anillo o la boda, entonces puedes pensar en algunos compromisos creativos. Si no puedo pagar un anillo, ¿podrías vivir sin uno? Si no quiero una gran boda, ¿qué hay de escaparse o tener una ceremonia pequeña y privada?

Si tengo miedo de que el matrimonio se lleve el postre de la relación, menciona como ejemplo algunas parejas que están felizmente casadas y que ambos admiremos.

Haz un argumento lógico para casarnos. Si soy un pensador lógico, apela a esa parte de mi cerebro. Si bien quizá no sea el método más romántico, hay algunos beneficios prácticos al casarse. Algunos beneficios prácticos y legales del matrimonio son: poner a tu pareja en un plan de seguro, cumplir los requisitos para recibir más beneficios del gobierno y presentar declaraciones conjuntas de impuestos.

El matrimonio también es una manera eficaz de asegurar a tu pareja si mueres repentinamente. Si no estamos casados y uno de los dos muere, la otra persona no heredará nada a menos que lo expliques en un testamento. Incluso si lo hay, habrá impuestos de herencias y donaciones. Asimismo, si estás casada, puedes recibir salarios, compensaciones para los trabajadores y los beneficios del plan de jubilación de tu cónyuge fallecido.

Si bien no debes ir por esta línea de pensamiento morboso, es muy lógico y es algo que debes considerar; especialmente si han estado juntos durante 12 años y no están casados.

Hazme ver lo que me perderé si no me caso contigo. Si realmente estoy seguro de casarme contigo o no, o si te digo que necesito tiempo para resolver algunas cosas, dame tiempo. Sin embargo, déjame en claro que no me esperarás por siempre y que eres una mujer con la que cualquier hombre sería afortunado de casarse.

Si bien no debes hacerme sentir mal por estar inseguro ni hacer que te proponga matrimonio porque me siento celoso o culpable, debes hacerme saber que has invertido mucho tiempo y amor en la relación y que a pesar de todo eso aún no se lo que quiero. Déjame en claro que también tienes tus límites.

Tener en cuenta lo que debes hacer.

Evita tocar el tema del matrimonio repetidas veces. Si me mencionas tu deseo de casarte una vez, es muy probable que se me quede grabado en fuego en el cerebro. Mientras más hables de ello, menos te escucharé. Si eres la que siempre toca el tema y la palabra matrimonio jamás sale de mi boca, entonces es momento de tomarlo con calma.

Dile a tus amigos y familiares que no digan una sola palabra. Es posible que creas que es bueno que tus amigos me hagan comentarios acerca del matrimonio, pero lo más probable es que me sienta presionado. Déjame tomar la decisión sin los consejos ni la insistencia de las personas en tu vida.

No me des un ultimátum. Aunque creas que un ultimátum sea la manera más rápida de hacer que actúe, decirme: "Cásate conmigo o todo esto se termina" en realidad me hará sentir demasiada presión y no hará que te proponga matrimonio más rápido. Decirme: "Proponme matrimonio en los próximos 2 meses o se termina todo" en realidad me asustará y no me convencerá a la fuerza de proponerte matrimonio.

Sin embargo, si realmente sientes que has esperado toda tu vida, estás totalmente lista y crees que yo también, dímelo de manera sutil.

No me presiones antes de que esté listo. Si solo has estado conmigo durante tres meses o hemos estado juntos más tiempo, pero las cosas no son realmente serias entre ambos, entonces no debes empezar a presionarme para que me case contigo si no estoy listo. Hacerlo muy temprano puede terminar la relación más rápido que un "sí, acepto".

El hecho de que todos tus amigos estén preparándose o no puedas esperar probarte un vestido de novia, no significa que debas hablar sobre tu boda en tu segunda cita, de lo contrario, no habrá una tercera.

No te desesperes. Muchas revistas pueden darte un mensaje equivocado y hacerte creer que si quieres que tu hombre se enamore de ti, todo lo que tienes que hacer es cocinar una comida de 6 platos en tacones altos, quedarte despierta hasta tarde para recogerlo cuando está de fiesta con sus amigos o en general estar a su disposición para que pueda ver lo increíble que eres como novia.

Esto no hará que tu condición de esposa mejore. Los hombres nos interesamos mucho más en las mujeres que tienen confianza y son independientes que en las mujeres que satisfacen todas nuestras necesidades y dejan cualquier cosa para mimarnos y alimentarnos; especialmente si solo lo hacen porque piensan que tendrán más probabilidades de comprometerse.

Si has tenido una buena relación hasta este punto, no dejes que se arruine solo porque todavía no te lo he pedido. Quieres que me case contigo, ¿verdad? Regañarme, romper en llanto y amenazarme con irte si no te propongo matrimonio de inmediato no hará que consigas lo que quieres. Sé paciente, pero si no puedes, ¡dímelo!

No dejes que tus conversaciones sobre este tema se conviertan en amenazas para irte. Se supone que lo que quieres es un compromiso, no una ruptura.

Asegúrate de que ambos seamos felices antes de pensar en el matrimonio.

Si no puedes darme el tiempo que necesito para ordenar mis sentimientos, me sentiré presionado.

Si el matrimonio es algo con lo cual no puedes vivir y algo en lo que yo no estoy interesado, entonces estás con la persona equivocada. La única alternativa es volver a pensar en tu propia posición con respecto al matrimonio. Si estar conmigo significa algo más que casarse, entonces tendrás que cambiar de opinión.

107 SECRETOS DE HOMBRES QUE TE DARÁN EL PODER SOBRE NUESTROS PENSAMIENTOS Y ACCIONES.

Los hombres podemos parecer muy seguros de nosotros mismos, pero en el fondo muchos tenemos grandes temores. No importa la edad que tengamos, recordemos que no todos somos iguales, pero un alto porcentaje nos sentimos muy inseguros frente a diversas circunstancias, mujeres, trabajo, fuerza, hombría y muchas cosas más.

Trataremos de esconder y aparentar que no sufrimos de inseguridad, complejos o miedos, y aseguraremos que no guardamos secretos. Sin embargo; ¿acaso no somos seres humanos al igual que ustedes? Como sexo masculino también tenemos angustias, momentos alegres y tristes.

¿Qué es lo que sabes de los hombres? Sabemos manejar los aparatos electrónicos más complicados, nos gusta el fútbol y otros deportes. A muchos nos queda bien la barba. A veces ustedes creen que eso es toda nuestra vida.

¿Sabes qué ocultamos como hombres a nuestra pareja?

Conoce nuestros pensamientos masculinos más íntimos, y aprende a respetarlos. Esto beneficiará tu relación amorosa.

Los hombres no somos expertos en comunicación, pero hacemos nuestro mejor intento. Es cierto que muchas veces callamos lo que creemos para evitar una discusión, pero con una buena guía terminamos confesando nuestros más íntimos pensamientos, esperando no ser juzgados ni mal interpretados.

¿Quién dijo que ustedes las mujeres eran las más complicadas? Está claro que no todos los hombres somos iguales, pero la mayoría nos dedicamos de gran manera en decir que somos simples y fáciles de tratar. Lo cierto, es que todos tenemos actitudes misteriosas, guardamos secretos como preciados tesoros que jamás revelaremos.

Nosotros también tenemos sentimientos, temores y dudas, más de las que nos atrevemos a revelar. Ustedes son catalogadas como "las sensibles" de la relación, pero los secretos que nosotros ocultamos son más reveladores de lo que crees.

Aunque todos tenemos secretos, se cree que nosotros somos quienes resguardamos más información de nuestro pasado que nunca revelaremos a nuestras parejas o amigos. Desde los misterios sexuales que aparecen en nuestra mente hasta las peores opiniones que tenemos de nuestras propias novias, es lo que jamás revelaremos hasta tener la confianza suficiente.

Esta recopilación es el resultado de varias fuentes de investigación obtenidas por diversos medios: libros, páginas web, y sobre todo, fue corroborada por algunos compañeros, conocidos y amigos cercanos, obviamente del sexo masculino, para dar mayor veracidad a esta información. La lista quedó así:

1. Los hombres nos sentimos atraídos hacia otras mujeres

"¿Estabas mirando a la morena esa?". Si te contesto que no, te estoy mintiendo, pero ¿cómo me voy a atrever a decirte que sí? Los ojos se hicieron para mirar, y los hombres los usamos. Lo importante es que sepas que aunque tu marido sea un mirón, eso no significa necesariamente que él va a dejarte o salir corriendo detrás de esa morena a la que se quedó mirando mientras lavaba su automóvil.

2. En realidad, sí jugamos al fútbol para alejarnos un rato de nuestra esposa o novia

"Lo hago para bajar un poco esta panza que tengo". "¿Que acaso no quieres que me ponga lindo para ti?". Suena bien y si corre mientras juega al fútbol, sin duda se le va a bajar la panza y probablemente a ti te guste más, pero la verdadera razón no es mi estado físico. La idea no está mal, el oxígeno en la pareja es primordial.

3. Le tenemos pánico al compromiso; aun cuando te haya dado el sí.

Si eres honesta contigo misma, podrías afirmar sin problema que todas saben que ningún hombre en la Tierra pasó los primeros años de su vida planeando cómo se iba a preparar para el día en el que por fin encuentre al amor de su vida.

No, esas son ustedes. Y aunque los hombres admitimos sin ningún problema que nos morimos por las mujeres, el compromiso no es lo de nosotros.

4. Ganar dinero nos hace sentir importantes

Lo opuesto; el hecho de que la mujer gane más que nosotros, nos hace sentir en la mayoría de los casos un poco inferiores.

5. Aunque protestamos como los mejores, nos encanta arreglar las cosas en la casa

El hecho de pensar que si nosotros no hubiéramos arreglado ese grifo que perdía agua, estaría roto para siempre, nos hace sentir importantes.

6. A veces nos gusta que nos trates como a un hijo.

Este punto es de suma importancia, ya que solo en momentos de sumo estrés, preocupación o frustración; necesitamos esa atención o cuidado especial, pero no puede convertirse en tu costumbre, el trato de madre hacia nosotros ya que con el tiempo ningún hombre encuentra atractivo acostarse con su mamá.

7. Amamos a nuestra esposa cada año un poco más.

Nuestro amor crece con los años y aunque nos veamos como un hombre mayor, aún nos pones nervioso como a un adolescente. Esto solo ocurre si amamos a nuestra pareja.

8. Cuando te decimos que no sabemos de qué estás hablando, en realidad, te estamos diciendo la verdad.

Ustedes tienen actitudes emocionales cambiantes, pero si te detienen a pensar, la mayoría de ustedes tiene la tendencia de pensar en diferentes cosas a lo largo del día y cuando llega su pareja comienzan a retarlo o a protestar por lo que han estado pensando solas, y sí, efectivamente, NO tenemos la más mínima idea de lo qué están hablando.

9. Tenemos pánico cuando ustedes manejan

¿Machista? Puede ser, pero el hecho es que el 90 por ciento de nosotros admitimos tener pánico cuando nuestra pareja está al volante.

10. Nos cuesta dejar de desear el poder volver a tener 25 años

Aunque ahora disfrutemos tremendamente de tu compañía y de las deliciosas comidas que compartimos juntos, la mayoría de nosotros, sentimos nostalgia al pensar en nuestra juventud y ustedes también.

11. Danos un centímetro de distancia y espacio, y te daremos toda nuestra vida

Estaba en Costa Rica, solo mirando las olas, mientras tocaba mi guitarra, cuando decidí que quería casarme con la mujer que ahora es mi esposa. ¿Cómo no iba a querer estar con una mujer que no solo me dejaba ir de vacaciones solo, sino que me alentaba a que lo hiciera?

12. "No me siento bien, ¿me consientes?"

A los hombres nos gusta hablar sobre nuestros sentimientos tanto como a ustedes. Lo que no nos gusta es pedirlo con carita de gatito de shreck. Preferimos hablar indirectamente del tema, como quién no quiere la cosa. Aquello de preguntarnos ¿cómo te sientes? es más importante de lo que crees. El apoyo emocional que nos ofreces es crucial para el que parece un corazón de hierro. Encuentra el momento indicado: una cena romántica, una sesión de charla después del sexo, un almuerzo de fin de semana o una de esas visitas casuales en la sala de tu casa, donde hay tiempo para hablar de lo que sea.

13. Héroe incógnito: Al mejor estilo de las mamás de antaño, nosotros escogemos expresar nuestro afecto a través de acciones. De ahí a que no guste ser los héroes ante cualquier dificultad que se nos presente; de hecho, antes de que se convierta en una dificultad; preferimos intervenir y ayudar a nuestra dama en apuros, aunque realmente ella no lo esté.

14. El compromiso sí nos importa

Muchas de ustedes creen que más que interés, el compromiso despierta horror en cualquiera de nosotros. Lo cierto es que una vez nos atrapas, nosotros nos tomamos el matrimonio muy en serio. El 85% de nosotros los hombres nos sentimos seguros y de nuestro futuro desde el momento que deducimos con quién vamos a compartir el resto de nuestra vida. Por eso nos es tan difícil dar tremendo paso.

15. No decimos nada, pero sí las estamos escuchando.

Increíble pero cierto. No pidas explicaciones ni opiniones cuando mientras nos cuentas algo simplemente asentimos con la cabeza. A los hombres nos gusta escuchar con atención antes de emitir algún tipo de concepto. Por eso te dejamos hablar y hablar, haciéndote creer que estamos pensando en todo menos en centrar nuestra atención en ti. ¿Quieres ser escuchada? Respeta ese silencio, porque lo estamos haciendo.

16. Necesitamos un tiempo para nosotros

Danos espacio. No siempre que nos apartamos queremos pasarla con nuestros amigos o encerrados en el computador. Nosotros también disfrutamos del ocio y del tiempo libre a solas. Le sacamos mucho provecho a los instantes en los que podemos cultivar nuestra individualidad, y eso incluye desde encerrarnos en nuestro cuarto a descansar hasta irnos de fin de semana a hacer deporte o practicar un hobby por nuestra cuenta.

17. Nuestra figura paterna es primordial

Nos convertiremos en una réplica de lo positivo de nuestro padre y ocurrirá lo contrario con los rasgos negativos. El porcentaje de hombres que se convierten en una réplica de su padre no admirado cada vez es menor.

18. No somos indiferentes, somos olvidadizos

Ustedes tienden a recordar con más vehemencia las experiencias negativas y volverse persistentes con el tema. Nosotros somos propensos a desligarnos rápidamente de los episodios desagradables y vivir el momento. No es cuestión de indiferencia, el tema es de nuestra memoria selectiva.

19. Somos buenos padres por nuestras esposas

Mostramos gran agradecimiento por el afecto que se nos da, sobre todo cuando nos llega el tiempo de ser papás y dedicarnos a la crianza. Estudios confirman que los hombres estamos más involucrados en nuestro rol de padres no solo por el hecho de tener un hijo sino por demostrarle a la mujer qué tan competente puede ser en una labor que se dice es netamente de una figura femenina.

20. Encontramos el sexo significativo

No solo lo decimos para endulzarles el oído y llevarlas a la cama. Para nosotros el sexo va más allá de demostrar hombría y satisfacer nuestra constante necesidad de contacto sexual. Los hombres vemos este acto como relevante en nuestras vidas si estamos comprometidos con alguien, vínculo que a su vez vuelve el sexo más satisfactorio, especial y único. Cuando encontramos el clímax de la intimidad sexual desde el plano emocional y físico, nos tienes a tus pies.

21. Sufrimos de ansiedad por nuestro físico

Aunque es un fenómeno que se hace más visible con el paso a la adultez, nosotros también tenemos lo que se conoce como "ansiedad de rendimiento": gran parte de nuestro ego se define por la potencia física y masculinidad reflejada en un estado físico óptimo, técnica y capacidad de resistencia. Esto también se traslada a la cama, por eso todo el escándalo que gira en torno a un desempeño aceptable o el agotamiento rápido al momento del sexo

22. Está comprobado: nos esforzamos un 33% más al jugar fútbol cada vez que una chica guapa pasa frente a nosotros y nos observa competir.

23. Leemos la misma noticia de futbol cinco o seis veces en diferentes sitios de Internet, sin importar que todas digan lo mismo.

24. A veces manejamos como si fuéramos a hacer el examen para renovar la licencia de conducir y nos esforzamos por respetar absolutamente todas las normas; Pero sólo en algunas ocasiones.

25. Deseamos tener en el escritorio una foto de nuestra novia en la que se vea más hot que nunca, pero nos da miedo que los colegas piensen que somos débiles de carácter.

26. Podemos desviarnos de la ruta habitual para comprobar el atractivo de una mujer que va caminando delante de nosotros. ¡La curiosidad es capaz de matarnos!

27. Creemos genuinamente que lucimos ultracool con una guitarra en la mano, incluso si no sabemos tocar ninguna canción.

28. Cuando estamos muy cansados o solos en casa, nos sentamos para orinar. Esto ocurre más seguido de lo que piensas.

29. Todos disfrutamos leer revistas de chismes de celebridades, y por ello, jamás nos quejaremos de que ustedes tengan un par en su baño.

30. Vivimos con el temor de que cualquier amigo le cuente a nuestra novia alguna historia que nos haga quedar en el ridículo total.

31. Queremos envejecer con el estilo y atractivo de un actor o cantante famoso

32. Bebemos directamente del cartón de leche (o de jugo) a la menor oportunidad; Y nos reímos discretamente cuando, en las mañanas, nuestra novia se sirve de ese mismo envase.

33. Jamás lo decimos, pero comparamos el tamaño de nuestras barrigas y la magnitud de las calvas con los de todo hombre que conozcamos.

34. Imaginamos cómo sería pasar una noche con cualquiera de las amigas de nuestra novia... ¡Lo sentimos!

35. Nos gusta separar nuestra relación de nuestra vida personal

La mayoría de los hombres separamos nuestra vida de nuestra relación. No conectamos estos componentes de nuestra vida entre sí y las vemos como áreas separadas. Si se trata del trabajo, vamos a dar el cien por ciento. Si se trata de resolver un problema de nuestros amigos vamos a poner todo nuestro esfuerzo para tratar de solucionarlo. Tanto es así que los problemas de otros, incluyendo el amor y el romance, lo hacemos a un lado de nuestra vida.

36. Tenemos una tendencia a ser reservados con nuestras emociones y sentimientos

Si sientes que tu pareja está siendo poco romántico y lo sientes lejano, debes saber que los hombres tenemos un compartimiento secreto en nuestro interior, donde de vez en cuando sentimos la necesidad de aislarnos para resolver nuestros propios problemas, pensar en nuestras fantasías o incluso en nuestros sueños. No hay lugar en nuestro interior en ese momento para nadie, ni siquiera para nuestros padres. En este sentido funcionan al contrario de ustedes las mujeres, que prefieren exteriorizar sus sentimientos y emociones.

37. Le tenemos miedo al rechazo

Este es uno de nuestros secretos más generalizados y mejor guardados. Cuando invitamos a una mujer, este temor no existe si se trata de una amiga que no nos interesa físicamente, sino exclusivamente cuando esa mujer nos gusta. Por ejemplo:

* Si no tenemos trato con la mujer que nos atrae, no nos atrevemos a acercarnos; difícilmente la abordaremos en un sitio público, si esa mujer no nos da señales muy claras que nos hagan sentirnos seguros.

* Cuando estamos enamorados de una amiga tendremos esos sentimientos en secreto ante la posibilidad de ser rechazados y perder la amistad.

* Cuando estamos interesados en una compañera de trabajo intentaremos disimularlo cuanto sea posible, sabemos que si somos rechazados el rumor puede extenderse y quedaremos en ridículo frente a los demás.

* Lo mismo puede suceder dentro de un lugar de estudios por miedo a la burla de los demás compañeros.

* También existimos hombres que pensamos que una mujer es imposible porque está casada, tiene novio, o su situación social, laboral o económica es superior; esto nos lleva a pensar que no seremos aceptados.

* Existen casos en los que no nos sentimos atractivos y pensamos que no podemos llegar a gustarle a esa mujer especial, preferimos decir que no es para nosotros antes que arriesgarnos.

* Muchos hombres le tenemos temor a no poder expresar lo que queremos decir, no encontramos las palabras para decirle a una mujer que nos gusta y terminamos por callarlo.

* Muchas veces somos tímidos y nos causa mucha vergüenza hablar con una mujer que nos gusta y no nos animamos a confesarlo.

38. Sí, recordamos a nuestras ex novias

Lamento informarlo, pero así es. A muchos hombres nos gusta guardar fotos de nuestras ex novias; nos apasiona mirarlas de vez en cuando para refrescar la memoria y disfrutar, secretamente, aquellos viejos tiempos.

39. Reprimimos nuestras emociones

"Los hombres no lloramos". Cuando miramos películas con nuestras parejas y llega una escena que nos pone un nudo en la garganta, intentamos recordar con fervor el último chiste que nos haya contado alguien. Nos da pena mostrar nuestra sensibilidad.

No nos gusta hablar. Lo más incómodo para nosotros es que nos pidas hablar de nuestros sentimientos.

40. No nos gusta reconocer y mucho menos mostrar nuestro lado femenino.

Uno de los peores insultos para nosotros es decirnos que tenemos un lado femenino, y aseguramos ser bien masculinos.

41. Nos aterroriza fallar en la cama.

Nuestro mayor miedo es: ¿Mi pene será lo suficientemente grande? o ¿conseguiré que ella llegue al orgasmo? Pensamos que siempre debemos estar listos para las cuestiones eróticas y no quedar mal. Muchas veces ese temor nos presiona tanto que no nos dejamos llevar por el momento, por el romanticismo y los detalles; elementos básicos para la satisfacción de una mujer.

42. No nos fijamos en tantos detalles

En realidad, la mayoría de nosotros vivimos en nuestro mundo. No nos fijamos en pequeñeces como ustedes las mujeres. Si te arreglas mucho, tal vez no me dé cuenta, o si has subido de peso, tampoco. A veces son ustedes quienes se delatan con comentarios o actitudes para que nosotros nos fijemos en ustedes.

No escuchamos, y la mayoría de las veces ni cuenta nos damos que lo único que necesitan en ciertos momentos es un abrazo fuerte.

43. Nos gusta ser atendidos y que nos abracen

Eso no es ningún secreto. Aunque no todos los hombres somos tan sensibles, muchos confesamos que amamos los abrazos fuertes y los besos con ternura.

El abrazarnos con nuestra pareja en la oscuridad y con una buena música de fondo siempre es agradable. No hay nada mejor que escuchar las palpitaciones de tu pareja muy cerquita de nuestro cuerpo mientras se está en el sofá o en la cama juntos, eso nos hace sentir muy seguros de la relación.

Eso no significa que te muestres encimosa, que ruegues todo el tiempo para estar cerca de mi o que seas absolutamente complaciente de todo lo que te pida. Una relación es de dos, y ambos debemos estar de acuerdo en cómo mostrar afecto; debemos complementarnos.

Siempre recuerda que tu dignidad y tu imagen debe estar por encima de todo.

44. También deseamos tiempo y espacio para nosotros mismos

Necesitamos de espacio y un poco de tiempo para estar con nuestros amigos.

El verdadero amor se traduce en la aceptación de las diferencias.

Para que yo te respete, es necesario que también tú me respetes. No podemos exigir lo que no damos. No me critiques sobre mis amigos o sobre lo que como. Claro que puedes sugerirme y aconsejarme, pero siempre que yo también te respete y me dirija a ti con amor y comprensión.

No olvides que la comunicación clara y con sinceridad es siempre necesaria y bienvenida.

45. Nos creemos los mejores en la cama

Pensamos que la confianza soluciona todo. Podemos hacer cualquier tontería, pero siempre actuamos con la mayor seguridad, y eso nos hace sentir bien. No te sientas presionada o aturdida cuando estés en la intimidad con un hombre, es posible que estemos más nerviosos y tú ni te enteres.

46. No nos gusta que las mujeres se pasen de copas

Nos parece de mal gusto que nuestra compañera de cita muestre un gran gusto por el alcohol. Tomar en exceso hace que, cualquier persona, se desinhiba y refleje una personalidad totalmente diferente a la real. ¡Es de pésimo gusto! Deja que yo te conozca tal y como eres. La sobriedad es lo mejor. El alcohol, como todo vicio, debe evitarse o disfrutarse moderadamente de vez en cuando. Un consejo: el vino añade romance, pero sin abusar de su consumo.

47. Nos parece poco atractivo que las mujeres usen mucho maquillaje

El look natural en una mujer es mucho más atractivo. Nos atrae que las mujeres sepan maquillarse, pero lo que no soportamos es la aplicación excesiva; es decir: muchos colores, mucha base o un intento fallido de una nueva técnica que quisiste probar. No hay nada peor que despertarse en la mañana después de pasarla juntos y que la almohada quede con manchas de sombras, labial y polvos.

48. Reflejamos inseguridad a través de los celos

Si siento que no te merezco o si pienso que no soy lo suficientemente bueno para ti, te celare constantemente y me preocupare de perderte por culpa de otro hombre. La inseguridad demostrada a través de los celos es una característica común en nosotros. Debes saber limitarlo, pues como ya lo sabes, los celos en exceso NO son una señal de amor, pueden convertirse en una forma de controlarte, ofenderte y hasta lastimarte.

¡No permitas a un hombre violento en tu vida

con el pretexto de sus celos!

49. También tenemos crisis depresivas

Ustedes tienden a sentirse presionadas o tristes por cualquier cosa: por no encontrar una pareja, por tener un hijo, por adelgazar, por su trabajo, por los hijos; sin embargo, nosotros también nos sentimos presionados, aunque por razones distintas, como por ejemplo, por el hecho de que nuestra apariencia va cambiando a medida que envejecemos o por imaginar que nuestra virilidad y encanto se van desvaneciendo. Nos preguntamos constantemente: ¿qué estoy haciendo mal? o ¿qué hay de malo en mí?

También tenemos días buenos y malos como ustedes. Por ejemplo, hay días que nos sentiremos los dueños del mundo, pero habrá otros en los que nos sentiremos los más feos y gordos.

50. Cuando tenemos una aventura...¡desapareceremos al terminar!

¿Por qué?, porque no nos gusta sentirnos comprometidos. Sabemos cuando deseamos algo en serio y cuando solo deseamos algo pasajero. Si es así, nos iremos de inmediato. No provoques que no te tome en serio; bueno, salvo que esa también sea tu decisión. Si es así, trata de ser tú quien desaparece primero, no yo.

51. Nuestra pasión por el deporte

Hay mujeres que también gustan de los deportes, pero será extraño encontrar una que viva obsesionada con esa disciplina como nosotros. Nosotros leemos de deportes todos los días, buscamos el marcador por Internet, preferimos juegos de videos de deportes, no nos perdemos los partidos de fútbol por la televisión; en fin, el deporte consume nuestras vidas. La verdad es que la mayoría ni siquiera practicamos alguno; solo lo disfrutamos de lejos, por nuestro instinto de competencia.

52. También nos gusta ir de compras

También nos vamos de compras durante una crisis emocional. El vestir ropa nueva nos hace sentir mejor y más seguros, pero no lo hacemos tanta frecuencia como ustedes.

53. Nos parece más cómodo decir: ¡las mujeres están locas!

Preferimos tomar esa actitud y no sentirnos responsables. Una vez que nos refugiamos pensando en que las mujeres están locas, nos quita un peso muy grande de encima. No racionalizamos y preferimos exclamar ¡estás loca! En realidad, no siempre lo creemos así, pero para nosotros es más fácil terminar una discusión diciendo eso que asumiendo nuestros errores o tratando de comprenderlas.

54. No nos gusta que hablen de su pasado

Los hombres podemos escucharlas y ayudarlas con sus problemas emocionales, pero si el pasado oscuro permanece en su vida como si estuviera grabado podría afectar nuestra relación. Al igual que a ustedes, no les gusta hablar del pasado, de nuestras ex parejas o de situaciones que ya debieron quedar atrás; es intolerante y perjudicial para cualquier relación.

55. Le tememos al compromiso

El estar comprometidos significa que hemos decidido permanecer toda la vida con la mujer ideal. Cuando uno se compromete, no hay vuelta atrás, y para nosotros esa idea es muy fuerte. Sabemos que cuando hay verdadero amor, el compromiso ni se siente.

56. Nos cuesta amar a una mujer que sepa más que nosotros

Mayormente le tememos a las mujeres con mayores capacidades intelectuales, con mejor sentido del humor e independientes. El hombre que acepte tu libertad, respete tu espacio, tus sueños, tu trabajo y tus gustos; ¡valdrá la pena!

57. Sí prestamos atención a tu forma de vestir

Aunque anteriormente dije que no nos fijamos en los detalles, muchos aparentamos no hacerlo, pero la realidad es que la mayoría si ponemos atención sobre la forma en cómo visten y se arreglan. Asegúrate de vestir de acuerdo a la situación donde estés. A veces ustedes exageran en su arreglo, por ejemplo, no es adecuado ponerse perlas o una blusa elegante para ir a un evento cualquiera al aire libre o hasta tacones para un evento deportivo.

Lo que NO debes permitir, es que yo te exija o te prohíba vestirte de tal o cual manera. Tú tienes criterio, gustos y un estilo propio; nadie, ni siquiera tu pareja, debe indicarte como arreglarte o desenvolverte.

58. Nos gustan las revistas de chismes

Las revistas de chismes suelen ser atractivas para algunas mujeres, pero también para nosotros, aunque muchos expresemos que nos parecen ridículas. Algunos hombres admitimos que cuando las leemos, resulta un poco difícil soltar la revista porque, al igual que muchas mujeres, nos parece interesante enterarnos de lo que nuestros artistas o deportistas favoritos hacen en su vida real.

59. También nos asustamos y tenemos complejos

Tradicionalmente, nosotros tenemos que proteger a la mujer de cualquier peligro que aceche. Sin embargo, como hombres también poseemos complejos y miedos.

La mayoría somos muy inseguros, y para evitar sentirnos temerosos o acomplejados, necesitamos ser estimulados, recibir halagos y comprobar que lo que estamos haciendo es lo correcto.

60. No nos gusta que hables con tus amigas sobre nosotros

Aunque sean cosas buenas, no nos gusta que compartan toda la información que, según nosotros, debería quedar entre pareja.

61. No podemos dejar de mirar a otras mujeres

Tampoco es un secreto. Mujeres bonitas hay por todos lados y, al igual que ustedes, también tenemos ojos; pero cuando amamos respetamos disimulando de una buena manera.

Tal vez tú seas la mujer de mi vida, pero eso no quiere decir que estemos ciegos, algunos más discretos que otros, pero a todos nos gusta mirar y tener fantasías. Aunque debemos actuar como las mujeres; discretamente.

Estudios realizados en países latinoamericanos en el año 2018 revelan los siguientes porcentajes en relación a las fantasías sexuales: 18% tenemos fantasías sexuales con alguien famoso, 30% con alguien de nuestro entorno, pero que no conocemos, 28% con una amiga o conocida, y 14% con una ex novia.

62. Decimos que llamaremos, cuando sabemos que no lo haremos.

En algunas ocasiones lo queremos hacer, pero luego de 24 horas, cambiamos de opinión.

63. También somos chismosos

Dicen que a las mujeres les encanta el chisme, pero nosotros somos grandes maestros en "comunicación de experiencias ajenas". Constantemente estamos chateando en el trabajo o comunicándonos por algún medio para decir lo que nos pasa durante el día.

64. A veces nos gusta que nos manden

Una de las razones por la cual no nos gusta el compromiso es porque no queremos que nos digan qué hacer. Sin embargo, como ya lo dije, nuestra incapacidad por no fijarnos en algunos detalles, a veces nos obliga a aceptar y hasta a proponerles que nos digan qué y cómo hacer ciertas cosas.

65. Lloramos con nuestros amigos más cercanos

Increíblemente nosotros también lloramos, pero no frente a todo el mundo. Puede ser que algo nos afecte, como un problema familiar. También puede que nos hagan llorar cosas menores como recuerdos, películas o canciones tristes. Los momentos emocionales nos afectan a todos, sin importar el sexo.

66. También nos importa nuestro peso

También nos sentimos acomplejados porque la ropa no nos queda como antes o porque no hemos podido ir al gimnasio con más frecuencia. Claro está que esto no nos pasa a todos los hombres. A veces incluso cuando a nuestra pareja no le interese el peso que tengamos, nosotros sí nos preocupamos.

67. Le tememos a la vejez

Esto también se relaciona con el punto anterior. A medida que envejecemos, aumentamos de peso, perdemos cabello, nos cansamos más rápido; y sabemos que los hombres más jóvenes se ven mejor; el mismo temor que sienten ustedes. Esto se vuelve mucho más difícil si éramos atléticos y ya no podemos hacer las mismas hazañas físicamente.

68. Nos intimidan los juguetes sexuales

Tengo que admitirlo; los juguetes sexuales son una realidad, y algunos de ellos pueden hacer cosas que nosotros los hombres no podemos. Los juguetes pueden rotar, se inflan, se encojen, tienen velocidades y vibran con variadas funciones; en fin, nada favorable para nuestro orgullo masculino. Los vibradores y otros aparatos son del tamaño perfecto porque así pueden adquirirse, además de que tienen todo tipo de funciones. Nosotros lo sabemos y por lo tanto; muchos les huimos.

Lo que a veces ignoramos es que un aparato no puede inspirar amor, ni transmite ningún tipo de sentimiento o sensación que un hombre sí es capaz de lograr en ustedes para alcanzar un clímax verdadero.

69. A veces no queremos tener sexo

Algunos hombres, como las mujeres, nos sentimos cansados o simplemente no estamos de humor para las cuestiones de chineos amorosos.

El sexo no lo es todo, tampoco tenemos siempre la energía, el tiempo o la creatividad para mostrarnos amorosos.

70. No siempre queremos tener el control

Hay algunos a los que nos gusta que sean ustedes las que tomen la batuta en algunas cosas de la relación: en las conversaciones, lugares a donde salir a divertirnos o preferimos sugerencias sobre los restaurantes para ir a comer o cenar.

71. Decimos que somos infieles por naturaleza

Engañar para nosotros no siempre es una cuestión de sexo, a veces nos motiva más la emoción y el peligro que rodea la situación.

72. Necesitamos momentos de no hacer nada

Te puede sorprender, pero no siempre nos emociona la idea de tomar decisiones importantes y ser responsables por nuestros actos. A veces sólo queremos pasar un tiempo a solas y disfrutar de los momentos en que no tenemos que hacer nada.

73. Los hombres no nos fijamos en detalles la mayoría de las veces

La mayoría de los hombres pensamos de manera más global. Acéptalo y no intentes que prestemos atención a los detalles. Tal vez incluso puedas aprender de nosotros. Porque muchas mujeres se enfocan en cosas insignificantes que no les dejan disfrutar de la situación en general.

74. Pensar tonterías es un excelente descanso para el cerebro

¿Puedes imaginar que los hombres no nos la pasamos pensando en el presupuesto familiar, en cómo pagar todos los créditos y salvar el mundo del calentamiento global? Muchas veces, cuando tú piensas que nosotros estamos pasando por una crisis existencial, en realidad estamos pensando tonterías.

75. También tenemos miedos

Los hombres somos víctimas de la imagen del super héroe que nos impone la sociedad. Esto no es fácil, porque también nos da miedo la incertidumbre, dudamos si las decisiones que tomamos son correctas y nos preocupamos por las mismas cosas que tú.

76. Nos fijamos en las chicas bonitas

Los hombres siempre miramos a las chicas bonitas. De hecho, la humanidad existe gracias a la habilidad de los hombres de evaluar el aspecto de las mujeres, eligiendo a la mejor, la que sería madre de nuestros hijos. Es cuestión de naturaleza, nada más.

77. Valoramos el apoyo

Los hombres necesitamos el apoyo moral al igual que las mujeres. Todo el mundo lo necesita. Para el ritmo acelerado de la vida moderna y la tensión emocional no existen los géneros.

78. Le tememos al futuro

"Siento que tú y yo estaremos juntos para toda la vida", esta es una frase que deberías evitar hasta cuando tengas la confianza necesaria para decirlo. Los hombres preferimos vivir el hoy y el hecho de tener la idea de ciertos planes a futuro, puede asustarnos, pero eso no quiere decir que no estemos seguros de nuestras relaciones, sino hay que saber cómo y cuándo hacerlo, para así evitar que suframos un ligero vértigo.

79. Tenemos un tema en común; el cuerpo de otras mujeres

El hombre que diga lo contrario ¡aléjate!, está mintiendo. Si estamos con nuestros amigos, es muy pero muy poco probable que no salgamos del cuerpo de una amiga que tengamos en común, fantasías con famosas o alguna desconocida como tema de conversación.

80. Estar solo no implica que no te quiera

¿A quién no le gusta tener un momento de privacidad? Es natural tener un tiempo para mí y hacer lo que quiera sin estar conectado a ti las 24 horas del día.

81. Nosotros también lloramos

El estereotipo machista de "los hombres no lloran" ha hecho que para nosotros sea una dificultad expresar este tipo de emoción. Incluso podemos ocultar que seamos más sensibles que nuestra pareja, sólo por el hecho de que se nos puede ir la hombría.

82. Nosotros pagamos por ser hombres ¡A veces no nos gusta!

Otro estereotipo que no nos agrada es el pagar por solo ser el hombre de la relación. No le encontramos lógica cuando hoy nos encontramos con mujeres empoderadas por lo que no le vemos ningún sentido a este dicho. Reconocemos que por ADN natural de proveedor lo podemos hacer la mayoría de las veces, pero sin que sea un abuso o aprovechamiento de nuestra posición.

83. Ustedes no son las únicas que lo pasan mal en "esos días"

Los cambios de humor que ustedes viven, nos terminan afectando en muchas ocasiones, a pesar de que nunca lo demostremos y siempre tratemos de ser amables, nosotros también la pasamos mal.

84. Puede ser tu amigo, pero definitivamente mío no lo es.

Es más común de lo que crees, sin embargo, es muy probable que nunca te lo diga. Es muy absurdo, ya que las mujeres son las primeras en recalcar a las amigas que odian, pero los celos entre nosotros los hombres son difíciles de entender.

85. Extrañamos la soltería

No te asustes, esto no quiere decir que no esté enamorado de ti o que no sea feliz, solo que habrá momentos en que recordare momentos de libertad y esas noches de hombres, fútbol, fiestas y conquistas.

86. Y el porno... ¿Qué?

Es un tema que nos cuesta reconocer cómo, cuándo y dónde lo hacemos. La realidad es que la mayoría de las veces que no tenemos una relación de pareja estable, utilizamos la pornografía para saciar nuestras ansias sexuales; pero también lo utilizamos con menos frecuencia, aunque tengamos una relación estable y depende de la atracción de pareja y frecuencia en las relaciones sexuales.

87. Nuestros gustos después del sexo son diferentes al de las mujeres

Puede que te hagamos ver que solo nos interese el acto sexual, pero no es así, nuestro cuerpo reacciona de distinta manera después de las relaciones sexuales. Si me quedo abrazado un buen rato después de hacerlo, debes valorarme porque no es algo que me apetezca hacer, claramente nunca te lo diré.

88. Mamá y su comida son número uno para nosotros

Hay una regla que ustedes tienen que tener clara antes de iniciar una relación: nuestra madre es la mujer N°1. Por muy bien que cocines y hornees, nunca será suficiente para igualar la comida de nuestras madres. ¡Paciencia! Si te haces amiga de la suegra y aprendes sus trucos de cocina o si pruebas diferentes recetas de nuestras comidas favoritas; probablemente con el tiempo superes a mi mama.

89. No nos gustan las reuniones familiares

No es un panorama muy llamativo en comparación a quedarme contigo tranquilos viendo una película, no es ser poco sociable, pero enfrentar a la familia genera situaciones complicadas y puede que no sea placentero.

90. Tenemos imaginación sin límites

Es verdad, los hombres nos autocomplacemos con fantasías, y nos insertamos en un mundo imaginario en donde probablemente no estés; pero tranquila, es sólo imaginación.

91. Podemos fingir orgasmos

Si, amigas, ustedes no son las únicas que pueden fingir un orgasmo durante una relación sexual. No son pocos los hombres que hemos simulado al menos un orgasmo, y las razones son varias. Puede ser la falta de intimidad o confianza con la mujer, o el uso o no de preservativo.

92. Nuestros orgasmos no siempre son evidentes

Ustedes pueden llegar a pensar que es imposible no darse cuenta cuando un hombre ha alcanzado su punto máximo. Pero la verdad es que no en todos los casos, nosotros podemos alcanzar el orgasmo sin realmente eyacular. Este puede ser el caso de los hombres diabéticos, de avanzada edad o los que practican el sexo tántrico, que podemos experimentar un orgasmo sin eyacular.

93. Las mismas razones para fingir un orgasmo

Cuando fingimos un orgasmo, lo hacemos por razones similares o iguales a una mujer. Quizás he tomado demasiado alcohol, este tomando algún medicamento o me sienta ansioso. La razón por la que finjo es una manera de decirte como pareja que has hecho un buen trabajo.

94. Los jóvenes tienen problemas de erección

La disfunción eréctil no es sólo cuestión de los hombres mayores. Las razones son tantas, que pueden afectar también a los hombres más jóvenes. Pero no sólo pueden sufrir de falta de erección, sino también eyaculación precoz.

95. No siempre estamos de ánimo

No tener ánimo para el sexo parece ser un pretexto propio de las mujeres, pero esto en realidad no siempre es así. Nosotros también tenemos derecho a no querer mantener relaciones, por las razones que sean. El estrés o el cansancio a veces pesan fuerte sobre la libido.

96. También nos preocupamos por el placer de nuestra pareja

Que seamos egoístas en la cama es también un mito. No todos pecamos de egoístas, por lo tanto, buscamos satisfacer plenamente a la mujer con la que estamos. El cambio radica en los sentimientos que podamos tener hacia la otra persona.

97. A veces queremos menos sexo que ustedes

Basta de pensar que todos, todos los hombres pensamos en sexo todo el tiempo, y estamos dispuestos en cualquier momento. Aunque parezca extraño, algunos hombres tenemos una libido menor que la de ciertas mujeres. Algunos no nos sentimos cómodos con esto, creen que nuestro deseo es mayor, pero en realidad, es que nuestra pareja tiene una libido mucho más alto.

98. Las veces que me masturbo

Nadie sabe realmente cuál es la cantidad habitual para cualquier hombre. El cuerpo a veces lo demanda con constancia, otras veces podemos pasar semanas sin masturbarnos. Es un tema tabú y solemos ocultárselo incluso a nuestros mejores amigos. A nadie le gusta admitir cuanto se autocomplace.

99. El tipo de porno que de verdad nos gusta

Internet está lleno de distintos tipos de porno; la mayoría de nosotros tenemos miedo de ser vistos como completos pervertidos, así que lo más probable es que mintamos cuando se trata de este tema.

100. Lo que de verdad sentimos por alguien de nuestro pasado

Es cierto el mito que afirma que nosotros los hombres nunca superamos a alguien de nuestro pasado, podría ser una amiga o una exnovia. Si la relación no fue muy dañina, lo más común es que la recordemos constantemente. Aunque los sentimientos son distintos, esa sombra es difícil de borrar, pero eso no significa que no podamos amar a alguien más.

101. Nuestras verdaderas intenciones con alguna amiga

Algunos hombres deseamos en secreto a alguna amiga, ya sea de manera romántica o sexual, y podemos ocultarlo durante un largo tiempo. Muchas veces el deseo se desvanece cuando entre nosotros se forma una verdadera amistad; sin embargo, la idea de querer otro tipo de contacto con ella puede que nunca cambie.

102. La atracción hacia otras mujeres

Un hecho que jamás admitiremos por temor a causar enojo o miedo de herir a nuestra pareja, es que nos guste alguien más que ambos conocemos. Es posible que alguna amiga, hermana o familiar de nuestra novia o esposa nos parezca igual o más atractiva, pero es poco probable que intentemos algo con ellas. Son ideas pasajeras y absurdas que forman parte del inevitable hábito de coquetear de todo hombre.

103. Lo que no nos gusta del cuerpo de nuestra pareja

Cuando se trata de la intimidad física, es posible que algunas partes del cuerpo no nos parezcan llamativas debido a los ridículos estándares de belleza. Esto no significa que no sintamos atracción por nuestra pareja; la mayoría aceptamos por completo a la persona con la que estamos y somos conscientes de que nuestro propio físico no es perfecto.

104. Nuestras fantasías sexuales más salvajes

No es mentira que gran parte del tiempo; sobre todo en momentos de ocio, los hombres desarrollamos fantasías sexuales un tanto locas o salvajes que nunca compartiremos. Sabemos que la realidad está lejos de la imaginación, así que preferimos mantenerlo simple cuando se trata de hablar esos temas.

105. Nuestras experiencias sexuales más intensas

Hay algunas anécdotas que debemos mantener en secreto, incluso para los amigos más cercanos. Suelen ser tan extrañas o intensas que es preferible que se queden ocultas para siempre.

106. Lo que platicamos de nuestras parejas con nuestros amigos

Nunca diremos realmente lo que conversamos con nuestros amigos más cercanos, especialmente cuando hablamos de nuestras parejas. Es parte de la confidencialidad que existe entre nuestras amistades y es un espacio seguro para hablar libremente de nuestros problemas o de cualquier cosa que se relacione con nuestra novia o esposa.

Es una pregunta imposible de responder con total sinceridad. Aunque algunos hombres somos honestos, la mayoría preferimos mentir o callar al responder con cuántas personas hemos tenido sexo. Lo hacemos para protegernos y no parecer promiscuos.

Todos los anteriores son secretos que los hombres mantenemos por nuestro bienestar mental y el de nuestra relación. Son cosas que a muchos nos avergonzaría admitir o contar y, a menos que exista un fuerte vínculo con nuestra pareja, jamás lo revelaríamos. Tanto hombres como mujeres tenemos misteriosas historias que nadie podrá conocer jamás.

SECRETOS QUE NO FALLAN PARA SEDUCIRNOS Y ENAMORARNOS.

¿Qué hace que como hombres nos enamoremos?

Un hombre se enamora de ti porque sabe que puede ser el mismo cuando está contigo. Se enamora de ti porque se siente seguro en expresar lo que piensa y sus emociones más privadas contigo.

Él se siente de esta forma porque sabe que tú puedes manejar tus emociones. Él lo puede sentir. Y lo siente a un nivel profundo de su inconsciente, por esa razón él empieza a buscar tu compañía, que lo toques, que le des tu cariño.

Puede que él no sepa porque se siente así. Todo lo que sabe es que hay algo especial acerca de ti que no siente con ninguna otra mujer en su vida. Eso es amor.

Él quiere tenerte en sus brazos y estar contigo para siempre.

Esta es la psicología secreta de un hombre y el amor.

Digo que es un secreto porque es poco entendida por las mujeres. Es raro que tu o él sepan exactamente porque él se siente hipnotizado por ti y quiera estar más cerca de ti y tener algo serio contigo que dure mucho tiempo.

Los hombres somos los que normalmente damos el primer paso en la conquista, pero, ¿por qué tenemos que ser siempre nosotros los que llevamos la iniciativa? A la hora de conocer a alguien nuevo existen muchas armas que te pueden servir de ayuda para ligar con el caballero que te gusta. Pero realmente, ¿sabes cómo seducir a un hombre?

Existe, entre muchas de ustedes, la concepción de que el arte de la seducción sigue correspondiendo exclusivamente a los hombres, y que la mujer debe de ser 'cortejada'. Que si debemos ser nosotros los que rompamos el hielo, que si debemos ser nosotros los que te invitamos a una cita, que si ustedes deben hacerse de rogar. ¡Basta ya! Para saber cómo seducir a un hombre ustedes también pueden tomar las riendas de la situación y sacar provecho de sus armas de seducción para atraer la atención de aquel por el que suspiran.

Se acabó el esperar, toca dar el primer paso. Miradas intensas, sonrisas pícaras, maquillaje bien cuidado. Ustedes las mujeres tiene multitud de trucos para saber cómo seducir a un hombre y hacer que nosotros nos derritamos y caigamos rendidos a sus pies. A veces, seducir a un hombre puede ser más sencillo de lo que piensan y es que si hay chispa en seguida lo notarás. Si nos hacemos un poquito más de rogar, no te preocupes, seguramente que los consejos que te voy a dar ahora para saber cómo seducir a un hombre te van a servir mucho más de lo que piensas.

Parece que los hombres siempre tenemos que ser los primeros en dar este paso, es algo que llevamos innato, pero ustedes también pueden hacerlo. Por qué no ser ustedes quienes se acerquen a ligar con ese hombre que les ha llamado la atención tomando un café con sus amigas, en una fiesta o ¿por qué no? En el trabajo.

Atrévete y lánzate a seducirlo. Como dice el refrán: "Quién no arriesga no gana".

Parte de saber cómo conquistar a un hombre consiste en ser siempre detallista y esperarlo con ansias, tal y como era al principio de la relación. No porque ya estén juntos debes de dejar de verte bien, oler rico y esperarlo con amor cuando llegue del trabajo, al contrario, muchas relaciones se pierden por no saber conquistarse, y conquistar día a día a tu hombre debe ser algo fuera de la rutina para no caer en el tedio ni en el desamor.

En realidad no existe una teoría a ciencia cierta, ni un manual que pueda explicarnos como lograr conquistar el corazón de cada persona; pero, afortunadamente ustedes las mujeres han nacido con un poder de intuición y astucia nato que les puede servir en muchos aspectos para identificar los parámetros a seguir para saber cómo enamorarnos

Aunque cueste creerlo, ¡no todos los hombres somos iguales!

Pero si has llegado hasta aquí, es porque seguramente hay uno en particular, que estás deseando seducir a toda costa.

Seducir a cualquier hombre, en realidad no es tan complicado.

¡Claro! La industria de la moda, quiere hacerte creer que debes gastar miles de dólares en accesorios, y verte como una modelo para conseguirlo.

Pero la verdad, es que sin importar quién seas (o quién sea él), para conquistarlo, la primera, y única regla que realmente importa ¡es que aprendas a quererte a ti misma!

En el instante en que te enamoras de quien eres, absolutamente todo surge por añadidura, porque creces como persona, y te enfocas en alcanzar metas.

Tu bienestar es motivación suficiente, y por ende, estás en posición de ser objetiva respecto a si un hombre vale o no la pena, como para dedicarle atención.

Lo demás; tener mucha confianza, ser divertida, y verse increíble, es solo una consecuencia lógica de tu autoestima.

Tal vez te suena más fácil decirlo, que aplicarlo. Por ello, aquí te dejo consejos infalibles para convertirte en la dama que cualquier caballero estaría encantado de tener a su lado.

Sonrisa sutil

La sonrisa es un gesto de complicidad y que se contagia. Te pregunto algo. ¿Te ha pasado que cuando alguien bosteza, automáticamente terminas bostezando? Estoy seguro que tu respuesta es afirmativa. Y debes saber que la sonrisa tiene el mismo efecto. Es contagiante.

Simplemente sonriendo vas a dar una señal de estar en una situación totalmente cómoda con la otra persona, esto es totalmente básico a la hora de enamorarnos.

Nunca intentes ocultar tu sonrisa. Si algo te parece gracioso, sonríe. Si por algún motivo, en ese día algo particular ha pasado, estas triste, y se te hace difícil mostrar una sonrisa, simplemente acuérdate de alguna situación divertida, y deja que tu rostro muestre su mejor sonrisa.

Muestra tu mejor versión

Es totalmente de sentido común, que si quieres enamorarnos, no puedes presentarte con la ropa sucia, sin planchar, o peor aún, sin haberte bañado, o lavado la boca.

Debes cuidar urgentemente; tu boca, tu pelo, maquillaje, perfume, ropa.

Si cuidas estos 5 puntos, va a resultar prácticamente imposible que no nos fijemos en ti. Así que cuida tu presencia, y con esto ya habrás ganado un buen terreno a tu favor. Recuerda que en todo momento estás ofreciendo lo mejor que tienes de ti.

Si bien es cierto que el traje no hace al monje, también es verdad que es justamente eso lo que todos observan antes de tomarse la molestia de conocer a alguien.

Lo queramos reconocer o no, todos nos dejamos llevar por la apariencia personal.

Los hombres pensamos en sexo muchísimas veces al día y somos muy visuales, mucho más que las mujeres. Por lo tanto, la apariencia sí importa.

Si pudieras colocarte en el lugar de un hombre, ¿te fijarías en una mujer que luce desaliñada? ¿Saldrías con una mujer que no mantiene su ropa elegante y cuidada?

Una alimentación saludable es vital para mantener una condición de salud óptima. Si comes sano, te verás bien, te sentirás bien. Y lo notaremos.

No debes esclavizarte, ni limitarte a consumir lo que te gusta para que nadie en absoluto se fije en ti.

Aliméntate sanamente, date ciertos gusticos de cuando en cuando, pero sin excederte, y recuerda que a la primera persona que debes gustarle cada día es a ti misma.

Muéstrame lo que deseo observar

Como ya te he mencionado con anterioridad, no solo debes sacar lo mejor de ti, sino que también debes mostrarme lo que me gustaría ver. Tampoco quiero decir que debes regalarte. Lo que quiero decir es que debes ofrecerme aquello que tienes y que me gusta.

Hay ciertas cosas que a todos los hombres nos gusta, pero hay otras cosas que dependen de cada hombre. Siempre hazlo con mucha sutileza y elegancia, sin caer en lo vulgar.

Créeme que nos encanta cuando nos seducen.

El misterio nos atrae

Para que pongamos todo nuestro interés en ti, debes guardar cierto aire de misterio. Te voy a mostrar a continuación una pequeña lista de lo que debes hacer para domines el arte del misterio:

Los detalles de tu vida no los cuentes de inmediato. A los hombres nos vuelve locos que nos dejen con ganas de saber algo más. Esto es fundamental. Así lograrás que me acerqué y me cuentes todo lo que dejaste inconcluso. Mi atención en ti crecerá. Una vez que te pregunte, cuéntame el detalle, pero que no sea de inmediato. Déjame con la intriga unos días.

Sé paciente. Es muy probable que quieras mantener contacto con nosotros de inmediato, ya sea por WhatsApp o Facebook. Pero no vayas con prisa. La tranquilidad es la base del arte del misterio. Debes dejar que sea yo quien te agrega a las redes sociales, y cuando te escriba, no seas tan impaciente en responder. Tómate un tiempo.

Mantén el misterio siempre. La mayoría de los hombres, cuando sabemos que lo tenemos todo de ti, dejamos poco a poco de mostrar interés. Por este motivo, no dejes de tener tu vida, ni de hacer lo que siempre haces por ceder en mi favor. Debes seguir con tu rutina, y sin darme a entender que yo soy lo único importante en tu vida.

A ellos les encantan dos cosas: los retos, y las certezas. Si realmente quieres llamar su atención, debes hacerlo de manera discreta, y para nada evidente.

En lugar de relatar cada pequeño detalle de tu vida, trata de formar un aura misteriosa a tu alrededor.

Nunca divulgues más información de la requerida, y en la medida de lo posible ¡déjalo intrigado!

Lo que consigues con esto, es demostrarle que tienes una vida muy ocupada, como para que te importe la opinión, o la aceptación de los demás.

¡Tampoco te quejes de tu vida! Una mujer llena de problemas, que está esperando que alguien la salve, no es atractiva. ¡Mejor enfócate en proyectar solo lo bueno!

Voy a ponerte un ejemplo muy sencillo pero útil: el hombre en cuestión te invitó a salir el martes, y ese día tienes clase de canto. Puedes:

a.- Cancelar la clase, y decir que sí de inmediato.

b.- Indicarle que los martes no puedes, porque tienes clase de canto.

c.- Decirle que los martes ¡no puedes! Y esperar a que él pregunte por qué.

¿Cuál crees que sea la mejor alternativa? Exacto, ¡la última! En ella proyectas que eres independiente, y que no vas a dejar a un lado tus compromisos por complacer a nadie. Eso te hace lucir más atractiva.

Déjanos queriendo mas

Con respecto a lo que te comentaba antes, debes mostrarte con un interés moderado, de esta manera siempre vamos a tener ese pequeño vacío, y siempre voy a querer tener más de ti. Esta es la clave para mantenernos enganchados. Así lograrás que cada vez aumente más el interés, y siempre quede pendiente de ti y lo que te pasa.

Lograrás un efecto psicológico de necesidad, que debe ser cubierto con tu presencia. En términos comunes, no lograremos pasar ni un minuto sin ti.

Tú debes finalizar las conversaciones. Tampoco debe ser el 100% de las veces, pero sí debe ser la mayoría de las veces. Psicológicamente lograrás estar encima de él en cuanto a poder y sentimiento de pertenencia. Lograrás que quiera seguir hablando contigo. Y eso se hará en el momento que tú decidas. Es importante que finalices la conversación cuando hay algún punto interesante que tratar. No tiene sentido que a finalices cuando no hay nada relevante que tengan que decirse.

Limita el tiempo que pasas conmigo. Esto lo debes hacer al menos al principio, hasta lograr consolidar la relación, si es que eso es lo que quieres. Si no, pasa al siguiente punto. Las personas tendemos a cansarnos cuando pasamos mucho tiempo con otra. Este es el valor de la escasez. Valoramos positivamente lo que escaso. Aplica esto al menos al principio de la relación de pareja.

Muéstrate distante cuando esté a punto de pasar algo interesante. Cuando quedes conmigo, y veas que la cosa se vaya poniendo interesante, intenta mostrarte un poco distante. Me puedes decir que tienes que volver a tu casa en el peor de los casos. De esta manera provocarás que me impaciente en querer verte lo antes posible. Tu manejarás los tiempos siempre.

No debes mostrarte disponible. Cuando la oferta aumenta la demanda disminuye. Una ley básica en economía. Y aquí ocurre lo mismo. Lo limitado y escaso suele gustar más. Teniendo en cuenta este principio, utiliza tu tiempo sabiamente con nosotros. Intenta siempre equilibrar las cosas de manera que el interés por ti vaya siempre en aumento.

Coqueteo femenino sutil

El coqueteo es tu arma secreta, y debes saber utilizarlo con elegancia. Darme a entender que te gusto, sin decírmelo, es fundamental para lograr enamorarme. Sigue los siguientes consejos:

Que te descubra mirándome. En algún momento cuando no estemos conversando, ni manteniendo contacto visual, procura mirarme, y cuando vea que me observas, déjame una leve sonrisa. Con esto sabré que soy de tu gusto, pero no me lo has dicho.

Cuidando tu lenguaje corporal. Debes cuidar tu lenguaje corporal para ser sutil y elegante en el mensaje. Por ejemplo, cuando estemos sentados conversando, dirige tus pies hacia mí.

El nerviosismo. Decidir si te sonrojas o no, es difícil. pero sí puedes mostrarte un poco nerviosa, o morderte el labio. De esta manera me lanzarás detalles de interés. Sin decir una sola palabra me estarás diciendo que te gusto.

Manejando el sentido del humor. Para coquetear con nosotros, es fundamental tener sentido del humor. La alegría es contagiosa, y sirve para romper el hielo. Así lograrás una atmósfera de comodidad para los dos. Ten mucho cuidado de no llegar a hacerme sentir mal, o ridículo.

Imagen de indefensa

Un punto fundamental para lograr tu objetivo, se trata de mostrarte ligeramente indefensa. Está técnica responde a un instinto primitivo del hombre, que aún perdura. Y se trata del instinto de "proteger a su hembra". Te aseguro que funciona a la perfección. Para llevarlo a cabo de forma exitosa, ten en cuenta lo siguiente:

Ser miedosa. Cosas simples como tenerle miedo a las arañas, sea real o no, debes mostrarlo abiertamente. Se despertará en mi la necesidad de evitar el peligro y protegerte. La protección es básica en cualquier relación de pareja.

Olvidar objetos. Otra situación clásica es la de olvidarse del abrigo, de esta manera nos veremos obligados a prestarte la nuestra. Es una situación típica de película. Pero es un ejemplo claro de lo que te estoy hablando.

Indecisión. Aunque te consideres una mujer decidida, a veces puede jugar a tu favor mostrarte como indecisa, o dudosa de algunas cosas mientras estás conmigo. Esto servirá para que nuevamente yo tome la decisión de contribuir ante una duda. De esta manera se creará la atmósfera de protección que estamos buscando.

No nos malacostumbres

Si quieres realmente saber cómo enamorarnos, debes mostrarte misteriosa y dejarme de vez en cuando con las ganas. Si nos das todo lo que tienes de golpe, vas a conseguir un efecto adverso. Ya que me daré cuenta que puedo conseguir cosas de ti con un mínimo esfuerzo.

Llegará un punto en el que me sienta totalmente saturado de ti, por eso es importante ir poco a poco, y no mostrarte ansiosa. El interés debes lograr mantenerlo a lo largo del tiempo. Así que, racionaliza tu tiempo conmigo, para que así cada vez quiera más de ti.

No te muestres del todo transparente

Sé que normalmente se habla de ser tu misma. Y efectivamente tu esencia jamás la debes perder. Cuando digo que no te muestres totalmente transparente, me refiero a que debes mantener esa aura misteriosa para enamorarnos.

El truco es que yo te vaya descubriendo poco a poco, motivo por el cual debes mostrarte de forma claroscura. Debes saber lo que a nosotros nos genera curiosidad, para que así me lo puedas ocultar un poco. De esta manera harás crecer nuestra curiosidad, que finalmente es lo más importante.

No soy el único hombre

Debes tener como principio fundamental, la idea de que ningún hombre, ni ninguna mujer, es único en el mundo. Así que no debes tratarnos como tal. Una situación muy típica, es cuando ambos quedamos con nuestro grupo de amigos, y la mayoría somos hombres. Es totalmente normal que converses con alguno de mis amigos, incluso podrías sentir mucha afinidad en algún tema con él.

Puede sonarte contraproducente, pero no es así. Si yo logro ver que pueden peligrar mis posibilidades contigo, me voy a esforzar mucho más por llamar tu atención. Aquí es cuando llamas al macho alfa que está dentro de mí. Harás que tenga mayor interés en ti, y daré lo mejor de mí para seducirte. Y esto resulta mucho mejor que ir tu detrás de mí.

¡Cuidado con los celos!

Hasta cierto punto los celos pueden ser interesantes para hacerme saber que estás interesada. pero si te muestras así desde el principio, no vas a conseguir nada. Más bien te verás como una psicótica.

Si me ves que coqueteo con alguna chica, es totalmente normal que me lo digas de una manera tranquila, y hasta con humor. Esto será lo único que debes hacer para que me vuelva a fijar en ti. Los celos enfermizos no hacen más que alejarnos.

Si me presionas mucho, me daré cuenta que una relación más seria contigo será una pesadilla. veré que me estoy sumergiendo en una relación de control y angustiosa. Si es así, querré alejarme lo antes posible de ti.

La lógica te puede traicionar

No asumas nunca que estoy loco por ti, ni tampoco asumas que no quiero saber nada de ti. Cualquier imaginación que hagas te va a terminar perjudicando. Así que simplemente déjate llevar y libérate de ciertos prejuicios que te hacen evitar dar el primer paso.

La conexión y atracción sexual es esencial.

No puedes pretender atraer a un hombre que no siente o no quiere sentir nada especial por ti. En el caso que esa "química" esté presente, lo que se debe hacer es mostrar que sentimos lo mismo, pero sin caer en la desesperación; los hombres por naturaleza tenemos el instinto cazador. Lograr acechar a nuestra "víctima" e intentarlo, intentarlo y volverlo a intentar nos enloquece, siempre que la "víctima" (ustedes) demuestren que tienen las mismas ganas pero que no caen tan fácilmente como nosotros podemos creer.

Conquístame con tus virtudes y habilidades.

Para el caso en el que exista ya una relación que está comenzando, donde las mieles del amor están en su pleno apogeo, pues sin duda se debe recurrir a las mejores virtudes que posees; si sabes hacer postres o un plato con un toque especial, Sorpréndeme al llegar a casa con una rica cena y mi postre favorito. No solo los hombres somos los de los detalles.

Las mujeres naturales y sin complejos enamoran a los hombres. ¡Muéstrame lo maravillosa que eres! Para ayudarte a saber cómo seducir a un hombre te ayudará dejarme saber lo interesante y divertida que es tu vida, y lo a gusto que te sientes contigo misma. Hazme sentir celoso de tu tiempo libre y de tu seguridad y que sienta la necesidad de querer compartir más momentos junto a ti. Así que relájate, no finjas, sé tú misma, y hazme sentir de forma sutil que una mujer como tú necesita a alguien exactamente como yo.

Dicho lo anterior, no tengas miedo de hacer cosas nuevas y diferentes, si le gusta un grupo de música que nunca habías escuchado o no te habías molestado en saber de esa banda, date la oportunidad y es posible que también te guste a ti si pones un poco de esfuerzo, esto te dará la facilidad de crear una opinión genuina (incluso si tienen ideas diferentes) y tendrán un tema en común de que hablar.

Solo recuerda ser tu misma cuando hables con tu hombre, esto es esencial si tu pareja es alguien que este acostumbrado a que la gente se acerque a él. Es importante que te mantengas diferente a la competencia, así vas a resaltar más que el resto, no seas una más del montón que está detrás de él porque es atractivo, se especial, única y divertida, esto quiere decir que tomes las cosas con calma y dejes que te conozca.

No te presiones para hacer cosas que no necesariamente disfrutas con tal de ser única y tratar de gustarle, mantente cómoda con tus acciones y se tu misma, un hombre que vale la pena se sentirá bien con una mujer que tiene sus límites.

Si te conoces a ti misma entonces sabes lo que quieres

Para aprender cómo conquistar a un hombre, también debes aprender a conocerte a ti misma; si sabes lo que quieres y estas más segura y confiada, seguramente ese caballero que tanto te gusta no dudará colocar una gran confianza en ti, que es sinónimo de estar con ustedes.

Si te has planteado por fin sentar la cabeza y comenzar tu vida amorosa en pareja con ese hombre que tanto te gusta has de saber que quizás tengas que dedicar algo de tu maravilloso tiempo en seducir a tu hombre y por fin conquistar a ese chico. Es fundamental que él sepa que "estás ahí" es decir, que "existes". Preséntate o, si en tu situación resulta muy obvio, asegúrate de que cuando estés cerca de él haya contacto visual entre ustedes. Es crucial introducirte en su radar de acción por insignificante que pueda parecer el encuentro. Recuerda siempre esta máxima: "Roma no se construyó en un día".

Si sabes quién eres, sabrás lo que quieres y hasta donde avanzar sin perder la dignidad ni parecer desesperada ante una posible pareja.

Nadie aprecia aquello que no parece tener valor; o, lo que es igual, si tú no te conoces lo suficiente como para valorarte, ¿cómo pretendes que un hombre se derrita por ti?

Las personas atractivas tienen claro quiénes son, lo que pueden alcanzar y cuándo poner un alto a su alrededor.

La autoestima debe ser tu prioridad y dependerá de ti como mujer hacerte valer lo suficiente como para que los hombres te veamos atractiva y apreciemos tus cualidades y encantos.

La intimidad es un punto clave

Sexualmente, cada hombre tiene sus deseos y prioridades. No te dejes invadir por miedos, penas e inseguridades, si estoy contigo seguramente me atraen muchas cosas de ti.

Dale rienda suelta a tu sexualidad y presta mucha atención a lo que quiero, cómo lo quiero, cuándo lo quiero y aprovéchate de ello para satisfacerme y satisfacerte a ti misma. Cuéntame tus deseos, cuanto te gusta alguna parte de mi cuerpo y hazme sentir que yo también soy importante para ti. Pero nunca realices a nivel sexual algo que no sea de tu agrado solo por complacerlo.

Me interesa conocer tus sueños

Sin duda ya han pasado esas épocas donde los hombres éramos los únicos que pretendíamos a las mujeres. Los grandes matrimonios que han perdurado en el tiempo se han mantenido porque existe un cortejo mutuo entre ambas partes de la relación; no se trata del hecho que yo te lleve flores y tú solo me des las gracias y los retribuyas con sexo (que tampoco es malo), sino que te esmeres en hacerme entender lo importante que soy para ti, con detalles que no sólo se orientan hacia lo físico, sino también a lo que no se puede comprar.

Una vez que el contacto entre los dos existe, es hora de comenzar a construir una relación. Hacer pequeñas bromas es la mejor manera para ir tomando confianza. Si además las entendemos sólo nosotros, mucho mejor. Para empezar a saber cómo seducirme, saca el tema de cómo sería tu pareja ideal y descríbeme a mí. Ver una película de comedia es una excelente idea para saber si compartimos un gusto parecido en la alegría de la vida.

Tu apoyo me conquista

Escucharme, creer en mis sueños, apoyarme, darme respuestas cuando pido tu opinión, ser crítica y tener carácter cuando sea necesario, preguntarme ¿qué me pasa? Cuando me notas preocupado, son algunas de las pequeñas cositas que a veces olvidas hacer, pero que son importantísimas para conquistar día a día a un hombre.

Muchas veces es mejor callar, escuchar y hacerme sentir que me prestas toda tu atención. Averigua qué me gusta hacer. Cuáles son mis sueños, anhelos, metas... Sólo sabiendo cómo pienso y cuáles son mis motivaciones crearás espacios donde poder compartir mutuamente pensamientos, emociones, y experiencias.

Cuando platiquen, interésate en sus gustos y actividades, si te platica algo sobre alguna junta de trabajo próxima o algún examen que valla a presentar, procura preguntarle sobre este tema para que note que estas involucrada en sus cosas y que tomas en cuenta su vida, le harás sentir que es importante y especial para alguien.

Se alguien en quien él pueda confiar, demuéstrale que eres honesta y sabes guardar secretos, los hombres prefieren estar con quien tiene cosas en común, se ese alguien que le provoque agradable confianza, así tendrá más ganas de pasar tiempo contigo.

Recuerda que estos tips no los debes de dejar de hacer, porque es muy común que al principio (a la hora de la conquista) todos mostramos nuestras mejores caras y con el paso del tiempo esto va cambiando, intenta recordarlos para que él no se fije en otra persona ya que lo tengas a tu lado.

No existe una ciencia exacta que explique cuál es la mejor estrategia para cautivar y atraer definitivamente la atención de una persona.

Toda mujer por muy segura de sí misma que sea, en algún momento de su vida se ha cuestionado si es capaz de conquistar al hombre que le gusta. Más allá de la belleza física, hacen falta otros atributos para captar la atención de quienes te rodean.

Aunque no lo creas, todo radica en la actitud. Tu estado de ánimo se proyecta en el exterior, y con ello das señales inconscientes a las personas que te rodean.

Ellos pueden percibir si estás enojada, triste, aburrida, insegura, aunque trates de engañarlos, ¡los hombres lo notarán!

Encuentra puntos en común

Durante ese proceso de conocernos mutuamente, irás descubriendo mis gustos, aficiones e intereses. Algunos de ellos no te interesarán o no los compartirás, pero otros, sí.

Debes centrarte en esos puntos en común, porque, aunque el enamoramiento no depende tanto de esos puntos en común, una relación seria sí que requiere que haya gustos e intereses compartidos para que ésta prospere.

Para que nuestra relación se vaya desarrollando y afianzando es importante que sepas si tenemos intereses en común. No tiene ningún sentido fingir que te gustan mis mismos hobbies si en realidad no es así. Permanece atenta hasta el más mínimo detalle de nuestras conversaciones porque te pueden servir de mucha ayuda para llegar a saber qué es lo que me gusta hacer.

Es más placentero estar con alguien con quien se tienen más cosas en común porque tendrán temas o actividades que los conecten, pero también es importante tener cosas en las que sean diferentes; Con esto provocaran que se interesen ambos en cosas nuevas y ampliaran sus horizontes. Por medio de la plática te darás cuenta de estas similitudes y diferencias que tendrás que manejar inteligentemente para tomarlas a tu favor.

La cita

Después de algún tiempo que puede variar; pueden ser días, o meses, incluso depende del hombre en cuestión; él mismo será el que te pida tener una cita, quedar en algún lugar o salir.

En el caso de que creas que ya se está alargando demasiado todo el proceso y todavía él no te invita, puedes tomar tú la iniciativa, pero, siguiendo la psicología masculina, lo mejor es que dejes que seamos nosotros quienes lo hagamos, aunque tarde.

Por supuesto, cuando te pida la cita, debes mostrarte un poco rogada. Ambos sabemos que deseas esa cita, pero es conveniente que no me digas que sí de inmediato, porque, como hemos mencionado, los hombres disfrutamos de ese intentar conquistar a una mujer difícil.

Por eso, cuando te invite, cambia de tema, di que no pero dejando la puerta abierta, etc. Finalmente, acepta, pero dejando esa leve sensación de si me gustaría, pero..., para que yo sepa que, el día de la cita, debo comportarse de una forma respetuosa y valorando tu compañía.

El día de la cita

Bueno, el consejo para la cita debería ser personalizado en cada paso particular. Sin embargo, hay algunos consejos que son útiles en cualquier tipo de cita, sea donde sea y en el momento que sea.

Lo primero, y más importante, es dejar en casa la vergüenza. Olvídate de ella. Trata de ser clara con el lenguaje corporal, indicándome que estás dispuesta a que me acerque, pero con un nivel de respeto.

Sedúceme con el contacto físico

Es una realidad psicológica que el contacto humano nos hace sentir mejor y con mayor cercanía a las demás personas y cómo arma para seducirnos es siempre positivo. Cuando tocas o rozas discretamente a un hombre, crearás un vínculo con él. Aprovecha la oportunidad de tocarme cuando me hablas, pero de forma sutil. Un roce de manos, una palmada en el hombro, una caricia en el brazo... son gestos cruciales para saber cómo seducir a un hombre.

Utiliza la técnica del espejo

Hay una simple verdad en temas de seducción: nos atrae aquello que es similar a nosotros. Por ello, si imitas ciertos movimientos o posturas que el hombre haga cuando estás hablando con él, lograrás captar su atención.

Si ves que me toco el cabello, segundos después haz lo mismo. Si tomo cierta postura al hablar, entonces imítala de forma inconsciente, yo pensare que te pareces mucho a mí. Como siempre, intenta ser sutil.

Lo que dice una mirada

Los ojos son el espejo del alma. Las palabras engañan o engatusan, pero los ojos siempre dicen la verdad. Tus miradas muestran tus sentimientos sin que puedas evitarlo, y será ella la que indicarán a esa persona que estás interesada en él. Mírame a los ojos. La mirada seduce. Además, derrocharás seguridad y confianza en ti misma si logras mantener el contacto visual.

Muéstrate segura de ti misma.

No quieras apresurar mucho las cosas, recuerda, que si te estoy dando señales de que no estoy interesado en ti por tu manera de ser, piensa bien las cosas para que veas si en verdad te conviene y quieres estar conmigo, pero si aun así estas convencida de querer enamorarme, ten paciencia y se consiente de que te puede costar más trabajo obtener lo que quieres.

Pasemos tiempo juntos para que nos conozcamos mejor, también considera darme un poco de espacio para que me des oportunidad de extrañarte, este tiempo tienes que saberlo manejar bien, pues, mientras no nos veamos puedes enviarme un mensaje, por ejemplo, si quedamos de vernos dentro de tres días vas a mantener el contacto pero sin hostigarme, la idea es que por la tarde me envíes un mensaje para saludarme y desearme un buen día, mediante esto me harás recordarte de una bonita manera y estarás en mi mente mientras no estas presente.

Haz que me sienta mejor persona contigo

Incluso los hombres más sensibles necesitan sentirnos súper héroes de vez en cuando. Dame un frasco para que lo abra, o que te ayude en alguna pequeña reparación que "no puedas" hacer tu, hazme sentir que me necesitas para tu supervivencia, cierto o no esto hace que yo sienta que me necesitas y me sentiré poderoso.

No es algo que tengas que hacer todos los días. Pero puedes derretirme con detalles culinarios, si me preparas un emparedado y me llevas un refresco sin alguna razón aparente estarás conquistándome por el estómago y esa es una manera muy efectiva para enamorar a tu hombre, el estómago es un punto muy importante para entrar en nuestro corazón.

Somos los "NUMERO UNO" . NUNCA nos menciones sobre algo que otro hombre hace mejor que nosotros, me refiero a temas sexuales, en el manejo de los autos o la manera de vestir, los hombres somos muy competitivos, por eso tu novio es el mejor en TODO, incluso si no es bueno en algo, pero ten cuidado porque al decir que es bueno en algo cuando es evidentemente lo contrario es hiriente, así que si es obvio que se le dificulta algo, no mientas y mejor no digas nada.

Déjame solo. Si tienes que preguntar dos veces ¿hay algo malo cariño? Y obtienes como respuesta "nada, estoy bien" en las dos preguntas, principalmente lo que eso significa es "solo estoy relajándome y me encanta, así que vete" algunas veces solo queremos ver televisión a solas y no hablar contigo, esto no significa que este enojado o que ya no te quiera más, únicamente quiero decir "cállate y déjame solo por un momento."

Haz de mí una mejor versión. Todos queremos estar con alguien que nos haga ser mejores personas, eso me hará sentir mejor y reafirmara saber que puedo ser una mejor versión de mí mismo si lo intento, aliéntame para hacer las cosas que me gusten hacer y dame espacio para que las lleve a cabo.

Controla tu estado de ánimo

No en vano han surgido en las últimas tres décadas tantos libros de reprogramación de conductas, proyección de pensamientos e incremento de la autoestima. Si te sientes ganadora, bella, atractiva y poderosa, ¡lo serás!

Si en cambio mantienes un discurso interno lleno de dudas e inseguridades personales, lo que expondrás al resto será una personalidad dudosa y victimizada.

Por muy talentosa que seas, si no crees en ti misma y mantienes un estado de ánimo negativo, te quedarás siempre a la espera de atraer al hombre que tanto quieres conocer.

Diviértete como un estilo de vida

No todo puede ser trabajo o estudios, debes reservar algo de tiempo para ti misma.

Ten como norma hacer algo que te agrada y que disfrutas haciendo cada día. Así solo puedas invertir diez o quince minutos diarios en dicha actividad, esto modificará tu manera de ver la vida, renovará tus energías y te hará sentir plena.

Conozco casos de mujeres con vidas muy ocupadas, pero dedican al menos diez minutos de descanso a practicar un instrumento o dibujar.

En otros casos, sal de la rutina con un viaje corto, ve al cine con amigos, cómete ese helado que tanto disfrutas. No restes importancia a las actividades que te satisfacen. Si a ti te gusta algo, ¡hazlo! La vida es una sola.

Así serás feliz por ti, y atraerás a la gente adecuada. Los hombres sentimos especial atracción por las mujeres que lucen felices cada día.

No te andes comparando

Es muy desagradable y negativo que una mujer sienta lástima de sí misma y constantemente se sienta inferior a los demás, comparándose siempre con otras mujeres.

¡A los hombres nos alejan las inseguridades! Siempre que te sientas inferior a otra mujer, eso es lo que le mostrarás a los demás. Solo lograrás sentirte triste y frustrada, y además alejar a quienes deseas atraer.

Con cada comparación, minimizas la posibilidad de que vean tus atributos personales.

Con pasión, pero con tu propia identidad

Si algo no te agrada lo suficiente como para que te apasione, entonces ¿para qué lo haces? De igual forma ocurre con el deseo sexual y la atracción. Si te sientes muy cómoda contigo misma, esa será tu mejor arma de seducción.

De nada te valdrá colocarte una minifalda y tacones súper altos, maquillarte y básicamente exhibirte ante él, si internamente estás tratando de imitar a alguien que no eres. Así jamás te sentirás completamente cómoda, ni con la pasión por conquistarlo como se debe.

Aprende a escoger tu ropa

Que te ajuste pero que no apriete. La ropa es la capa externa que elegimos mostrar al mundo. Por lo tanto, para que luzcas atractiva, tu ropa debe hablar bien de ti.

Los excesos en esta materia son contraproducentes: si tu ropa siempre es escotada o demasiado ajustada, puedes crear una falsa noción de quién eres como mujer.

Tu ropa debe ajustarse a tu cuerpo y no tu cuerpo ajustarse a la ropa, ¡esa es la regla principal!

Acentúa un atractivo por vez, y no todos al mismo tiempo. Déjame que vaya descubriendo eso que no me das a conocer abiertamente, porque si me muestras todo a la primera, ya no te quedarán misterios que mantener.

Tu cabello es un arma letal

Como hombres poseemos preferencias especiales en lo que respecta a la apariencia del cabello de las mujeres que nos atraen.

Ya sea que tu cabello sea corto, largo, con flecos o teñido, haz esfuerzos para que luzca peinado e hidratado.

Si luce brillante y sano, lo notaremos y nos atraerá. El cabello femenino es un arma de coqueteo, permítete usarlo para seducir.

Lávalo, hidrátalo y usa cremas con fragancias de tal manera que notemos tu presencia por el olor de tu cabellera sedosa y aseada. Al menos dos veces al año cambia el look, si recortas un poco tu cabello le permitirás respirar adecuadamente, renovarse y lucir mejor.

Y lo más importante de todo esto, es que ese hombre especial tendrá nuevos motivos para notarte.

Tu aroma me atrae

Tu perfume marca tu personalidad. Algunos aromas son más frutales, otros más acordes para horas nocturnas y otros son simplemente repelentes.

Antes de usar una fragancia de manera constante, debes probarla y ver cómo se adapta a tu forma de ser a tu cuerpo y tu PH. No siempre el aroma se mantendrá tal como se percibe en la botella, ya que el sudor suele variar olor de un perfume una vez lo aplicas sobre tu cuerpo.

A los hombres no nos suelen agradar los olores muy fuertes. Evita por lo tanto que tu perfume sea intenso, y aplícalo con sutileza.

Que sienta que hueles bien, pero que no me ahogue con tu aroma.

¿Que pensamos de los vellos?

Los hombres tenemos preferencias respecto a cómo debe lucir una mujer que nos atrae en la intimidad. Generalmente (aunque hay excepciones) a los hombres no nos gusta encontrar una selva tropical debajo del panty de nuestra pareja.

Recortar el vello de esta zona no solo es mucho más agradable visualmente, sino que también es mucho más higiénico.

Bien sea totalmente desnuda o dejando una línea sutil todo dependerá de los gustos de ambos o de cómo te sientas más cómoda, ya que tener vello púbico puede restarles seguridad a muchas mujeres.

Déjame observarte

Volvemos al punto de que los hombres somos visuales. Ya que somos pareja, deja que te admire con ropa y sin ella, así sentiré que tomé la mejor decisión al elegirte como mi amada.

Pero también mírame con picardía, así sentiré que me deseas un poco cada día.

Elegante en la calle y vulgar en la cama

Todo hombre considera irresistible a una mujer segura de sí misma, que toma el control, y que literalmente se lanza a obtener lo que desea, sin esperar que sea él quien siempre dé el primer paso.

El comportamiento debajo de las sábanas es un secreto que se guarda entre dos, así que no dudes en amarlo apasionadamente. Nadie te juzgará por perder la razón en un encuentro amoroso.

A los hombres nos enloquece una mujer atrevida, que se siente cómoda.

Déjame complacerte

El sexo es un intercambio mutuo, si tú me complaces, y me proporcionas el placer que tanto anhelo, entonces deja que yo te complazca lo suficiente.

Es posible que yo te pregunte si algo te gusta o no, si te estás sintiendo lo suficientemente excitada en determinado momento.

No dudes en indicarme si en efecto estás cómoda y complacida por mi desempeño. Por supuesto, sé gentil en la manera de expresar lo que sientes. Si tú ignoras tu placer, el sexo se te convertirá en una rutina aburrida, insípida y bastante innecesaria.

Y si no lo disfrutas, es posible que tampoco te esfuerces por permitirme disfrutar. Ambos quedaremos insatisfechos, y lo quieras o no, esto derivará en conflictos.

Cuidado con burlarte

Es normal disfrutar y reírse con las tonterías y ocurrencias de tu hombre. Sin embargo, las burlas deben hacerse con la complicidad entre ambos, o lo que es igual, él debe comprender que te burlas con buenas intenciones de aquello que te dice.

De no haber esta complicidad, yo puedo mal interpretar las burlas como una manera despectiva de tratarme y me sentiré humillado, ofendido o frustrado.

Las burlas no solo aplican a las bromas, sino que se convierten en un factor necesario en la intimidad, porque rompen con la rutina y le indicarán a tu pareja si lo que está haciendo es satisfactorio.

Así que pequeñas risas, caricias y frases luego de la intimidad pueden potenciar aún más la relación.

Sé auténtica

La autenticidad es una virtud en estos tiempos. Cada mujer es única y atractiva a su manera. Y para cada mujer, hay al menos un hombre que delira por conocerla, amarla o admirarla.

No tengas miedo de ser tu misma. Si tu personalidad es más introvertida, sensual, inocente o incluso una mezcla de cada una en determinado momento, siempre habremos hombres dispuestos a jugárnosla por ti y cortejarte.

No intentes imitar conductas de otras mujeres, ni pretendas ser la modelo atractiva de la revista, porque si colocas tu esencia en juego, perderás autoestima y seguridad.

Bien sea que tomes el control siendo dominante, o que prefieras ir poco a poco, ¡tú comodidad no se negocia!

A la primera persona que debes atraer siempre y con quien debes estar conforme y rendirle cuentas cada día es con la imagen que proyecta tu espejo cuando estás en frente: ¡TÚ!

Una mujer genuina es mucho más atractiva que una que parece salir de un molde y de la cual él pudiera encontrar cientos en la calle.

Entonces ahí lo tienes, ahora sabes la clave para atraer al hombre que te interesa: cuidarte, quererte y ser feliz contigo misma.

¡La apariencia es marketing, y el amor es mucho más profundo!

A menos que seas actriz de la alfombra roja, modelo internacional, o debas aparecer cada semana en la portada de una revista distinta ¿por qué tendrías que ser perfecta?

Te diré algo: ¡tampoco las actrices, o las modelos son perfectas! Ellas recurren a capas de maquillaje, y edición fotográfica digital para verse así; su belleza no es natural y te lo puedo decir con mi experiencia de fotógrafo de modelos.

Así que, deberías hacer a un lado la inmensa cantidad de complejos que seguramente estás cargando, como por ejemplo: sentirte gorda, baja, muy alta, poco lista, o nada divertida, entre otras.

La realidad es que sentirte mal, no te facilita las cosas. Estas ideas erradas son lastres que te impiden mirar tu verdadera belleza interior, y brillar como deberías.

Incluso aquellas mujeres con algún defecto evidente, logran encontrar el amor, y muchas veces de la mano de hombres súper atractivos.

¡La apariencia es marketing, y el amor es mucho más profundo! No los confundas, y sigue adelante.

Además, te puedo asegurar que no estamos buscando en nuestra gran mayoría súper modelos.

Claro, el físico nos importa en un nivel mayor que a ti, pero lo que hace que me enamore perdidamente, son cualidades mucho más subjetivas, como la femineidad, confianza, y todas esas características únicas que te definen mientras te conviertes en tu mejor versión.

Utiliza tu sexto sentido

Ustedes tienen una intuición privilegiada, algunos la llaman "sexto sentido". De cualquier forma, no hay duda que poseen la capacidad de ver más allá de lo que quieren proyectar las personas.

Ahora, ponte un segundo en el lugar de cualquier varón que quiera aproximarse a ti. Seguramente tiene mucho miedo a que puedas malinterpretar sus intenciones, sobre todo si no le conoces. ¡Es justamente allí donde tu sexto sentido debe salir a flote!

A veces es necesario que des ese primer paso, que nos hagas entender que podemos acercarnos, sin peligro a experimentar tu rechazo, o una demanda por acoso.

Y no nos referimos a que saltes encima de nosotros si detectas algo de interés, pero al menos deja las puertas abiertas, para que me acerque amablemente a pedir tu número.

Esto lo puedes lograr con una sonrisa, chiste, o cualquier cosa que se te ocurra, y te salga de forma natural.

Ahora, tal vez estés pensando: ¿cómo me ayuda esto a conquistar al hombre de mis sueños?

Es una pregunta muy válida, porque probablemente estás enamorada de alguien en particular, y no tienes ojos para otro.

Pero, ¡recuerda que nos encanta la competencia! Si empiezas a explotar tu capacidad de coqueteo, inmediatamente te volverás más deseable.

Observa y vencerás

Quizá eres demasiado despistada, y no has notado cuánto me gustas. De hecho, la mayoría somos así, en algún momento de nuestra vida.

Las posibilidades apuntan a que le gustes a muchísimos más de los que crees.

Para que aproveches eso a tu favor, es necesario que aprendas a ser más observadora, y confíes en ti.

Por ejemplo, supongamos que sentiste que un muchacho te miraba mucho, pero dudaste sobre estar en lo cierto. Él por su parte, estaba tratando de llamar tu atención, y como creyó que lo ignorabas a propósito, optó por no aproximarse.

Este suele ser el principio, y el fin del 94% de las historias de amor que no se concretaron.

No perdías nada devolviendo el saludo, la mirada, o sonriendo un poco.

¡Si realmente no le atraías no hubiera ocurrido nada! Pero, de ser ciertas tus sospechas, entonces pudiste haber hallado al amor de tu vida.

Lo único cierto, es que mientras continúes escondiéndote detrás de tu falta de autoestima, nunca darás luz verde para que alguien descubra lo maravillosa que eres.

¿Siempre perfecta?

Si te arreglas demasiado todos los días me lo pondrás bastante difícil a la hora de imaginarme cómo será tu look en una fiesta o en una cita a solas. Muchas veces menos, es más.

Una buena solución es que vayas casual, pero al mismo tiempo elegante. Que parezca que no has tardado mucho en arreglarte para ir a trabajar porque no te hace falta nada en especial para estar así de estupenda a diario.

Si lo logras, yo pensare algo como: si está así de guapa en la oficina... ¿Cómo estará un sábado por la noche? ¡Deja volar mi imaginación! Y lo más importante, sé tú misma.

Al final, con el paso del tiempo, la personalidad es lo que hará que nos enamoremos el uno del otro. Demuéstrame que merece la pena conocerte, saber más de ti y disfrutar de tu presencia.

Manipula la conversación sin que yo me dé cuenta

Uno de los errores frecuentes que ustedes comenten, es entrar en pánico si el hombre que les encanta, se acerca a hablarles.

Pueden reaccionar de formas diferentes, que incluyen ignorarlo, demostrar desinterés, o en el peor de los casos, más interés del debido. Todas estas opciones nos espantan, y desaniman.

Permíteme llevar la conversación al principio. Y finge estar de acuerdo con todo lo que digo, muéstrate receptiva, sorprendida y entusiasmada, ¡pero no demasiado!

Si me siento pleno hablando contigo, es muy probable que te invite a salir.

Lo que pensamos cuando hablas mal de otras mujeres

Hablar mal de otras féminas, o señalar sus defectos de forma evidente, mientras ensalzas tus propias virtudes, te hace quedar como antipática, presumida y de baja autoestima. Sin importar lo guapa, o divertida que seas, eso evitará que puedas atraer a cualquier caballero.

Es importante que lo tomes en cuenta, porque muchas creen de manera equivocada, que degradar a otras mujeres es una buena estrategia.

Hay una gran diferencia entre ponerle las cosas un poco difíciles al hombre que te gusta para que te quiera, y ser hostil con quienes le rodean, lo cual incluye a tu posible competencia.

Enamórame con tu talento

Está científicamente comprobado que ustedes son mucho más atractivas para el sexo opuesto, cuando ejecutan bien alguna actividad que dominan.

Nos encanta contarle a nuestros amigos que nos estamos enamorando de una mujer que tiene tal, o cual talento que la diferencia del montón. Así que si te apasionas por algo ¡Nos impresionarás!

Debes poner las reglas del juego

Algunos intentamos cautivarlas como si se tratara de un juego, y justo cuando conseguimos nuestro objetivo, nos olvidamos de todo, y pasamos a buscar otra mujer.

Tal vez te ha sucedido, pero, esta vez no tiene por qué ser así.

Incluso, aunque yo sea mujeriego, no significa que te sea imposible establecer una dinámica diferente. Lo cierto es que debes atreverte a dejar de ser una víctima pasiva de las circunstancias.

Si te quiero enamorar, pero tú sabes que mis intenciones son pasajeras, y tú estás aspirando a vivir una relación estable, ¡recházame!

No te dejes endulzar el oído con las mismas cosas que les digo a todas, ni me demuestres que estás enamorada, hasta que verdaderamente sientas que has despertado un interés genuino en mi corazón.

No te engañes a ti misma, no puedes hacer que alguien te ame, prácticamente tienes que aprender a base de prueba y error como todos en este planeta, los hombres somos criaturas muy simples, queremos permanecer siendo hombres a menos que elijamos hacer las cosas del modo difícil, queremos sentirnos poderosos y prósperos.

Se mi amiga también y hazme sentir que contigo estoy en una zona segura; nosotros competimos todo el día, por eso mantenemos nuestros escudos siempre listos. Simplemente se la persona que me haga sentir lo suficientemente seguro como para bajar la guardia por un minuto.

LOS ERRORES MÁS FRECUENTES QUE COMETEN LAS MUJERES A LA HORA DE TRATAR DE ENAMORARNOS

Algunos de los comportamientos femeninos a la hora de atraer a un chico resultan negativos y hasta absurdos, lo que causa un efecto contrario a lo que se busca. Aquí te dejo algunos de los errores que tal vez estás cometiendo y por eso aún no has encontrado al hombre indicado.

Conociste a alguien especial y quieres que esté tan flechado como tú, pero al recordar que en ocasiones anteriores no te ha ido muy bien, pierdes seguridad. Tal vez, has estado equivocándote siempre en lo mismo. Lee con atención y no vuelvas a hacerlo si deseas alcanzar tu objetivo: su corazón.

A continuación, te señalo los errores más frecuentes en los que caen muchas mujeres que tratan de conquistar a un hombre:

Buscas desde un primer momento sentirte querida

Es importante sentirse querida, pero ese no debería ser el objetivo inicial, porque, en ese momento, él ni siquiera sabe de tus intenciones, ni está interesado en ti.

Eres demasiado intensa

Poco a poco te formarás una idea de cuánto tiempo puedes pasar con él en las primeras fases del proceso, pero, hasta ese momento, lo mejor es que le dejes espacio. Recuerda que la paciencia es una virtud.

Cuando nos gusta alguien no queremos perderlo de vista y necesitamos saber cómo está todo el tiempo, pero debes comprender que cada cual necesita su espacio y si no le dejas respirar, tarde o temprano terminará alejándose de ti. Está bien si le demuestras tu interés, pero siempre con medida, si no lo vas a asustar y alejar.

Que me llame, me mande mensajes de texto, me deje mensajes por Facebook, Instagram y todas las redes sociales en que me vea es mucho, esto mata inmediatamente mis pasiones hombre.

No buscas asesoramiento

Ya has resuelto este problema acudiendo a los consejos de esta obra literaria. Puede que te parezca una tontería, pero hay una ciencia y un arte de la seducción que hay que comprender para conseguir los mejores resultados... ¡Y tú lo estás descubriendo mientras que otras mujeres se lanzan a la piscina sin saber si hay agua!

Idealizas al hombre

Puede que ese hombre que quieres conquistar sea un hombre 10, pero también puede que no. Si desde el primer momento conviertes a ese hombre en el hombre de tus sueños, puede que después todo vaya cuesta abajo. Lo mejor es que no lo idealices, y vayas comprobando la realidad poco a poco. ¡Es menos doloroso en el caso de que no vaya tan bien como creías!

Buscas relaciones sentimentales a largo plazo

Conquistar a un hombre puede ser para ti sinónimo de tener una relación a largo plazo, y está bien que así sea, pero debes tener en cuenta que, para un hombre, conquistar a una mujer no necesariamente significa lo mismo. No esperes que él se convierta en tu pareja instantáneamente. Si es lo que quieres, deberás trabajar por ello.

Utilizar un comportamiento exagerado

¡No nos gustas tan exagerada!

Cuando estás intentando conquistar el corazón de un hombre lo mejor es que seas tú, no pretendas aparentar algo que no eres. Si un chiste no te parece gracioso, no eleves el volumen de tu risa pues él pensará que estás actuando y no eres auténtica. No trates de ser demasiado simpática o estar siempre disponible.

Intencionalmente o por nervios, eres demasiado simpática y ríes con cada uno de sus chistes, incluso cuando no te causan gracia. Puede que también te muestres excesivamente dulce, dócil o disponible. Toda actitud que esté "al límite" hace que nuestras alarmas suenen y que podamos pensar que eres más falsa que auténtica, y nosotros valoramos mucho la autenticidad.

Hacerte la tonta

Lo mejor es que desde un inicio muestres tu verdadera personalidad; un grave error que cometen algunas mujeres es actuar como dulce y algo bobita, pensando que eso le gustará a un hombre, pero si lo que buscas es una relación seria lo mejor es que demuestres tu inteligencia y lo mejor de ti.

Si esta es tu estrategia, nada más dentro del error. Los hombres disfrutamos del misterio y preferimos los retos, y eso siempre se consigue junto a mujeres inteligentes.

Hablar demasiado

Lo sé, cuando estás con el caballero que te gusta los nervios aparecen y por temor a un silencio incómodo no puedes dejar de hablar, y esto puede llegar a ser molesto. Un buen consejo sería que lo dejes hablar a él, escucha todo lo que tiene por decir.

En ocasiones, por miedo a los silencios incómodos, hablas más de la cuenta cuando estás junto a esa persona que tanto quieres conquistar. Es mejor que él también tome la palabra y lo escuches para conocer lo que piensa; de este modo, fluirá una conversación equilibrada.

Hacerte la dura

En una relación se necesita de la interacción de ambos: si él te gusta, no tiene caso que te vuelvas inaccesible; si te invita a salir y tú siempre te muestras ocupada, puede llegar un punto en el que él desista de continuar intentándolo. Es verdad que a los hombres nos gusta conquistar a las mujeres que no se muestran disponibles todo el tiempo, pero si llegas a exagerar lo único que vas a lograr es alejarlo de ti. Todo con límites.

Las hemos visto en el cine y en programas de televisión. Quizá esta influencia mediática te ha hecho pensar que a nosotros nos gustan las mujeres así. ¡Cuidado! por pretender que piense que no eres presa fácil para que intente conquistarte con más deseo, podrías pasar por desagradable, egocéntrica o antipática. Si te gusto, simplemente sé tú misma.

NO al compromiso temprano

Si estás iniciando una relación, lo más aconsejable es que vayas despacio, que trates de conocer a tu pareja antes de buscar algo muy formal y de exigirle un compromiso demasiado pronto, lo único que lograrás con esa actitud es alejarlo. De cualquier forma, es mejor que te tomes el tiempo de conocerlo y ver si él también es la persona que has estado esperando.

Normalmente, demuestras que anhelas tener un compromiso, causando rechazo en vez de atracción. Deja que las cosas caminen sin presiones, guardándote los comentarios que te hagan quedar como si estuvieras loca por tener una relación y casarte.

Maquillarte de manera exagerada

Los cosméticos se inventaron para ayudar a resaltar tu belleza, pero cuando cubres tu rostro con una capa de maquillaje sobre otra, lo que reflejas es una gran inseguridad y esto a la larga puede ser contraproducente. Si tú pides que como hombres seamos naturales y originales, entonces debes estar dispuesta a entregarnos lo mismo.

Fingir que te gusta alguna actividad

Si no te gusta el fútbol o los videojuegos, no pretendas mostrar que tienes un amplio conocimiento sobre ello. Por alguna extraña razón, muchas mujeres cuando se enteran de los gustos y preferencias de los hombres a quienes desean conquistar, tratan de convencerlos de que saben mucho acerca del tema, pero si realmente no es lo tuyo tarde o temprano él se dará cuenta. Lo mejor es que, si te interesa, comiences a cuestionarlo; le darás la oportunidad de hablar de lo que le gusta y se sentirá más cómodo a tu lado. No pretendas ser alguien que no eres.

Esto se aplica especialmente en relaciones que recién comienzan. Los hombres no somos tontos, y no es difícil darse cuenta cuando una persona está pretendiendo ser alguien que no es. ¿Te gusta Green day? Sí, ¿Cuál es tu canción favorita? Claro, no sabes cuál es porque de casualidad no sabes qué es Green day.

Sé tú misma, eso es sexy. No inventes a alguien más por querer ganar más puntos, sólo te comprarás estrés.

Vestir de manera inadecuada

Intentar atraer la atención de un hombre usando ropa provocativa puede funcionar en el principio, pero le estarás enviando las señales equivocadas. Nada mejor que una mujer segura de sí misma, que muestra su lado seductor con ropa que le favorece, combinándola con una encantadora actitud y un buen sentido del humor.

Contrariamente a lo que muchas mujeres piensan, el mostrar demasiada piel en una cita con un hombre o aún si se trata de salir con tu esposo, no es seductor. Si estás casada, tu marido apreciará ese tipo de seducción en la alcoba, pero no en un lugar público en el que todos los hombres que pasen puedan ver lo mismo que él puede ver por ser tu marido.

Puedes usar algo sexy, sin mostrar todo. Quedas mucho más elegante y distinguida vestida con buen gusto y sin mostrarte semidesnuda.

Cuanto más honesta seas con tu apariencia, mejor te irá. No trates de usar ropa que no te queda bien, que no te favorece o que no es tu estilo, sólo para impresionar. Termina siendo como usar zapatos chicos, se nota y son incómodos.

Mentir sobre los años que tienes

Muchas mujeres no están preparadas para el momento en el que les preguntan su edad, excepto las que están seguras y contentas de sí mismas. Debes comprender que si le gustas a alguien es por ti, no por los años que tengas; esos prejuicios ya están en el pasado. Sé honesta, es lo mejor.

Fingir que comes poquito

Cuando salgas con un hombre a cenar a un restaurante lo mejor es que pidas lo que se te antoja y sabes que te vas a comer, no intentes parecer un pajarito que come poco; de cualquier forma, en algún momento él se dará cuenta de la realidad. A nadie engañas comiendo solo una ensalada y un vaso de agua. Nada es más sexy que una mujer que sabe disfrutar de una buena comida

Sí sales con tu esposo o en una cita, o con tu novio, sales para disfrutar, no para continuar con la dieta. Los hombres te invitan a comer para que la pasen bien, disfruten del tiempo juntos, y de lo que él te está dando en ese momento. Te invitan a cenar para que lo disfrutes, no hay nada peor que invitar a alguien a comer y que no quiera nada (obviamente que sí se trata de tu salud, está perfecto).

¿Provocar mis celos?

Es verdad que cuando un hombre te ve platicando con otro su instinto despierta y trata de ganar tu atención, pero si lo haces con frecuencia únicamente para hacerlo enojar y despertar celos, vas a terminar matando su interés y todo va a terminar en un rotundo fracaso.

No hay ninguna necesidad de hablar de tus relaciones anteriores con tu novio ni esposo. Los hombres no lo encontramos sexy, nadie lo encuentra sexy.

No me gusta tener que esperarte

Quizás en algún momento cultural, esta era una regla que funcionaba, hoy NO funciona. Nada nos desmotiva más que tener que esperar por alguien, aun cuando se trate de una mujer.

Nada es más seductor que la puntualidad. Si estás casada, esta regla también se aplica a ti. Los hombres nos cansamos de siempre tener que esperar, en realidad a todos nos molesta. Estar a tiempo, muestra respeto, y nada es más seductor que eso.

Que llegue muy tarde y sin avisar para puro hacerse la interesante aburre hasta al más paciente. No hay que abusar del interés ajeno y menos pensar que con ello se va lograr mayor interés.

¡Cuidado con el labial rojo y pestañas postizas!

No hay nada de malo con usar labial rojo, lo importante es que sea con la ropa adecuada y en la cantidad necesaria. Los hombres y en general todos, apreciamos la belleza natural, mucho más que las exageraciones. Si tienes lindos pómulos resáltalos, usa brillo en los labios y cuida que no estén agrietados, usa rímel en las pestañas en lugar de pestañas postizas. Juega con tu belleza natural.

Una mujer se ve linda arreglada y cuidada, pero el exceso siempre es malo. Exceso de tintes, extensiones, maquillaje y producción sin equilibrio son un atentado a la belleza femenina y a nosotros nos desagrada.

No uses un lenguaje corporal fuera de lugar

El lenguaje corporal puede decir más que tus propias palabras. Procura no dar la señal equivocada acerca de quién eres.

No seas negativa

Trata de ser amable, de no hablar mal de nadie, de no enfocarte en lo negativo. Nada es peor que salir con alguien y que se ponga a protestar porque tiene que esperar en el restaurante mientras los llamen a la mesa. Aprovecha el momento para conversar, en lugar de hacer un rosario de comentarios negativos por la espera.

No adules todo lo que el hombre con el que estás hace

En el afán de caerle bien a ese hombre que les gusta, a veces, le siguen la corriente en todo, no lo contradicen y encima de eso, lo adulan. Esto NO es sexy para ningún hombre. Los hombres queremos conocerte a ti, y consideramos sexy a las mujeres con personalidad. Usa esa belleza interior que tienes y explótala a tu favor.

No hables mucho de ti misma

A cualquiera le cansa una persona que hable sólo de sí mismo. Una mujer que guste siempre de ser el centro de atracción y no escuche puede ser entretenida para una vez, pero a la larga aburre.

No te quejes por todo

Imagínate la invitas a salir y nada le gusta ¡Aburrida! Lo mismo sucede con las comidas Esas mujeres que siempre están a dieta y que no es posible invitarlas un helado, porque cuentan las calorías son un estrés, lo peor es que generalmente son mujeres delgadas, bonitas, pero obsesionadas con el tema.

No seas "loca"

Una "loca" querrá saber la hora exacta, dónde y para qué va a tal lugar y no a otro. La "loca" tendrá reglas para ordenar, te corregirá si hablas o te equivocas... ¡Cansando hasta al más entusiasmado!

No tomes, comas o fumes mucho

Ya comentamos que los excesos son malos. Que se extralimite en el consumo de todo no es para nada atractivo, incluso si el hombre que te gusta se extralimita.

No actúes como una sabelotodo

Nada peor que alguien que se jacta con saber o conocer más que el resto. Y es una técnica de conquista que no le resulta a nadie. El conocimiento seduce cuando es verdadero y se descubre, no se alardea.

No seas muy sexual

La mujer hipersexual es una caricatura que puede funcionar bien, pero si quieres que te descubran por completo y no sólo conozcan tu cama, lo mejor es que dejes fluir tu sensualidad, no que la explotes, porque el mensaje será "Sólo soy esto".

Las citas son esa ocasión en la que se pone a prueba tu buen gusto. Si intentas conquistarlo vistiéndote, por ejemplo, con un escote muy pronunciado o un vestido muy pequeño, lo invitarás a pensar en sexo más que en ti como persona. Si lo quieres para algo más, luce prendas que te favorezcan y muestra características de tu personalidad capaces de captar su atención, como el humor o la inteligencia.

Como ves, conquistar a un hombre no es tan difícil si sabes cómo hay que orientar los diferentes pasos a dar. Con esos consejos, ya has conseguido gran parte del proceso de conquista... ¡Ahora solo te queda aplicarlos!

UN HOMBRE QUE AME A DIOS MÁS QUE A TI

El mejor consejo lo deje para el final, ya que es muy importante que sepas que en una sociedad donde se han perdido tanto los valores como la espiritualidad, es necesario volver a las bases del amor, la familia y Dios.

Si bien es cierto que un hombre que ame a Dios no es perfecto y de todos modos van a haber problemas en la relación, imagínate con uno que no lo sea.

Quiero aclarar que toda la parte sexual de este libro fue escrita por mi persona pensando en un marco matrimonial pero no seré un iluso en pensar que será utilizado solo en este marco.

Mi mayor deseo como autor es ser un amigo que te diga las cosas como pocos o nadie te lo diría y te daré las ventajas o beneficios de realizar tu vida amorosa y sentimental con un hombre de Dios.

La biblia no menciona el tipo de relaciones de noviazgo que vemos hoy en día. Más bien, en términos de relaciones sentimentales, se centra en los principios para el matrimonio. Actualmente, salir con una persona se usa como una forma de evaluar si el hombre y la mujer serán buenos para el matrimonio. Por lo tanto, se deduce que un novio cristiano en primer lugar debería ser un hombre que usted cree que será un buen esposo cristiano. Una mujer cristiana debe estar buscando alguien que toma en serio tanto a Dios como a su relación con ella. Cualquiera puede decir que ama a Jesús o que es cristiano. Cuando usted se está enamorando de alguien, ¿cómo sabe si esa persona es sincera?

La biblia está llena de versículos que describen cómo es que un hombre cristiano debería ser; versículos que son útiles y confiables para una mujer que está evaluando un posible esposo. Las siguientes pautas están basadas en estos versículos. Un novio cristiano debería ser

Humilde y enseñable: La biblia nos dice que un hombre justo, o un hombre sabio, aceptará instrucciones con agrado, incluso cuando le duela (Salmo 141:5; Proverbios 9:9, 12:15). Un hombre justo evidencia la disposición de ser corregido por la escritura y una tendencia a amar y escuchar a aquellos que le pueden enseñar desde la escritura.

Honesto: ¿Sus acciones están de acuerdo con sus palabras? La biblia dice que un hombre justo se caracteriza por la honestidad en sus relaciones personales y de negocios (Efesios 4:28). Además, cuando hace una promesa, un hombre cristiano la mantiene, incluso cuando le lastima (Salmo 15:2-5). En resumen, su carácter debe ser íntegro.

Altruista: La biblia habla específicamente a los maridos cuando les dice que amen a sus esposas como aman a sus propios cuerpos, así como Cristo amó a la iglesia y se entregó a Sí mismo por ella (Efesios 5:25-28). Un novio cristiano debe comenzar a mostrar este tipo de cuidado y amor por su novia mucho antes del matrimonio. El amor es fácil en las primeras etapas románticas, pero un novio cristiano debería ser la clase de hombre cuya conducta e intenciones sean cariñosas en todo tipo de circunstancias (1 Juan 3:18).

Capaces y dispuestos a proveer: La biblia dice que un hombre que no provee para su familia es peor que un incrédulo (1 Timoteo 5:8). La provisión no necesariamente significa traer un montón de dinero. El tema es si él asume la responsabilidad por el bienestar de su esposa e hijos. Es importante que las mujeres comprendan la seriedad de este versículo. Va a ser muy difícil que una esposa respete a su esposo si él no quiere proveer, y si una esposa lucha para respetar a su esposo, los problemas matrimoniales van a ir más allá de lo material. El respeto de una mujer por su marido y el amor de un hombre para con su esposa, son interdependientes y lo que le dan vida a un matrimonio (Efesios 5:25-32).

Dispuestos a proteger de forma proactiva: Tanto física como emocionalmente, las mujeres tienden a ser más débiles y se lastiman más fácil que a los hombres. Se deben entender, proteger y cuidar en forma proactiva. Un buen novio cristiano es un hombre que está pendiente y cuida a su novia y lleva esta pasión de protegerla hasta su matrimonio (1 Pedro 3:7).

Además, aquí hay algunas cosas negativas para observar: el materialismo (1 Juan 2:15-16; 1 Timoteo 6:10), la mentira (Proverbios 12:22; 19:22), la infidelidad sexual (Eclesiastés 7:26; Proverbios 7) y mal trato de los miembros de la familia, especialmente a su madre (Proverbios 15:20; 19:26; 20:20; 23:22). Usualmente, la forma como un hombre trata a su madre, es una buena indicación de cómo va a tratar a su esposa. Además, hay que tener cuidado con las tendencias irracionales, controladoras o de celos, ya que a menudo conducen a la violencia (Proverbios 6:34; 27:4).

Por último, un novio cristiano es uno con el que una mujer es igual. En primer lugar, en el sentido espiritual, una pareja en su relación con Dios debe ser el factor primordial en cualquier relación, y deben ser iguales en ese aspecto. A los creyentes se les ordena a que se casen con otros creyentes (2 Corintios 6:14), por lo que no hay ninguna razón para estar saliendo con un inconverso. Pero una pareja también debería ser igual en los aspectos más prácticos, como el tener temperamentos compatibles, niveles de vitalidad similares, y compartir objetivos e intereses en la vida. Estas cosas añaden muchísimo a la felicidad en una relación.

Además de todo esto, si un hombre tiene un buen sentido del humor y un carácter constante y alegre, será maravillosamente alentador para su esposa. Nadie puede estar "de buen ánimo" todo el tiempo, pero un hombre que se caracteriza por la paz y el gozo del Espíritu, es un buen partido. La vida es difícil y el matrimonio también. Habrá momentos de tristeza, y habrá conflicto. A causa de esto, un cónyuge alegre y que alienta, es una verdadera bendición (Proverbios 16:24; 17:22; 15:30).

Recuerda que eres la Reyna de la creación.

CONTACTOS

Página Web: www.wally-w.com

Instagram: https://www.instagram.com/wallywgayle/

Facebook: https://www.facebook.com/wallywgayle/